CULTURA & TRABALHO
OLHARES MÚLTIPLOS SOBRE A EXPERIÊNCIA SOCIAL DOS TRABALHADORES

Editora Appris Ltda.
1.ª Edição - Copyright© 2024 dos autores
Direitos de Edição Reservados à Editora Appris Ltda.

Nenhuma parte desta obra poderá ser utilizada indevidamente, sem estar de acordo com a Lei nº 9.610/98. Se incorreções forem encontradas, serão de exclusiva responsabilidade de seus organizadores. Foi realizado o Depósito Legal na Fundação Biblioteca Nacional, de acordo com as Leis nos 10.994, de 14/12/2004, e 12.192, de 14/01/2010.

Catalogação na Fonte
Elaborado por: Dayanne Leal Souza
Bibliotecária CRB 9/2162

C968c 2024	Cultura e trabalho: olhares múltiplos sobre a experiência social dos trabalhadores / Luiz Antonio Dias, Vera Lucia Vieira (orgs.). – 1. ed. – Curitiba: Appris, 2024. 189 p. : il. ; 23 cm. – (Geral). Vários autores. Inclui referências. ISBN 978-65-250-6934-0 1. Trabalho. 2. Cultura. 3. Racismo. 4. Ditadura. I. Dias, Luiz Antonio. II. Vieira, Vera Lucia. III. Título. IV. Série. CDD – 331.117

Livro de acordo com a normalização técnica da ABNT

Appris editora

Editora e Livraria Appris Ltda.
Av. Manoel Ribas, 2265 – Mercês
Curitiba/PR – CEP: 80810-002
Tel. (41) 3156 - 4731
www.editoraappris.com.br

Printed in Brazil
Impresso no Brasil

Luiz Antonio Dias
Vera Lucia Vieira
(org.)

CULTURA & TRABALHO
OLHARES MÚLTIPLOS SOBRE A EXPERIÊNCIA
SOCIAL DOS TRABALHADORES

Appris editora

Curitiba, PR
2024

FICHA TÉCNICA

EDITORIAL	Augusto Coelho
	Sara C. de Andrade Coelho

COMITÊ EDITORIAL

- Ana El Achkar (Universo/RJ)
- Andréa Barbosa Gouveia (UFPR)
- Antonio Evangelista de Souza Netto (PUC-SP)
- Belinda Cunha (UFPB)
- Délton Winter de Carvalho (FMP)
- Edson da Silva (UFVJM)
- Eliete Correia dos Santos (UEPB)
- Erineu Foerste (Ufes)
- Fabiano Santos (UERJ-IESP)
- Francinete Fernandes de Sousa (UEPB)
- Francisco Carlos Duarte (PUCPR)
- Francisco de Assis (Fiam-Faam-SP-Brasil)
- Gláucia Figueiredo (UNIPAMPA/ UDELAR)
- Jacques de Lima Ferreira (UNOESC)
- Jean Carlos Gonçalves (UFPR)
- José Wálter Nunes (UnB)
- Junia de Vilhena (PUC-RIO)
- Lucas Mesquita (UNILA)
- Márcia Gonçalves (Unitau)
- Maria Aparecida Barbosa (USP)
- Maria Margarida de Andrade (Umack)
- Marilda A. Behrens (PUCPR)
- Marília Andrade Torales Campos (UFPR)
- Marli Caetano
- Patrícia L. Torres (PUCPR)
- Paula Costa Mosca Macedo (UNIFESP)
- Ramon Blanco (UNILA)
- Roberta Ecleide Kelly (NEPE)
- Roque Ismael da Costa Güllich (UFFS)
- Sergio Gomes (UFRJ)
- Tiago Gagliano Pinto Alberto (PUCPR)
- Toni Reis (UP)
- Valdomiro de Oliveira (UFPR)

SUPERVISORA EDITORIAL	Renata C. Lopes
PRODUÇÃO EDITORIAL	Bruna Holmen
REVISÃO	Bruna Fernanda Martins
DIAGRAMAÇÃO	Amélia Lopes
CAPA	Eneo Lage
REVISÃO DE PROVA	Jibril Keddeh

SUMÁRIO

INTRODUÇÃO 7

1

GOBINEAU E O BRASIL: O DISCURSO CIENTIFICISTA E A TRANSIÇÃO DO SISTEMA ESCRAVISTA PARA O REGIME ASSALARIADO NO PROCESSO DE CONSTRUÇÃO NACIONAL BRASILEIRA (1850-1888) 11
Alberto Luiz Schneider, Beatriz Lissker

2

A ECONOMIA QUE VEM DOS FUNDOS: TRABALHO, SOCIABILIDADE E SOBREVIVÊNCIA NOS QUINTAIS POPULARES DE SÃO PAULO 37
Amilcar Torrão Filho, Bianca Melzi Lucchesi

3

ENTRE O CAMPO E A FÁBRICA: EXPLORANDO AS COMPLEXAS RELAÇÕES ENTRE ESPORTE, TRABALHO E IDENTIDADE NO INÍCIO DO SÉCULO XX, ANTARCTICA FUTEBOL CLUBE 55
Luiz Antonio Dias, Michele Silva Joaquim

4

***MODUS VIVENDI*, ACIDENTES DE TRABALHO E MORTES: O *MODUS OPERANDI* DA DITADURA MILITAR-EMPRESARIAL NA ITAIPU BINACIONAL EM RELAÇÃO AOS TRABALHADORES** 77
Jussaramar da Silva, Carla Luciana da Silva

5

PODER E *IDEOLOGIA 1964*: O ANTICOMUNISMO EMPRESARIAL-MILITAR NO BRASIL E NA GUERRA FRIA GLOBAL – DO GOLPE AO TERRORISMO DE ESTADO BONAPARTISTA (1961-1988) 105
Rodolfo Costa Machado, Antonio Rago Filho

6
CULTURA E TRABALHO NA VENEZUELA CHAVISTA: OS EMBATES COM O NEOLIBERALISMO (1999-2013) 135
Tiago Santos Salgado, Vera Lucia Vieira

7
SAÚDE OCUPACIONAL: A CONTRUÇÃO DE UM CAMPO DE SABER QUE NORTEIA POLÍTICAS PÚBLICAS EM PAÍSES LATINO-AMERICANOS, A SERVIÇO DE QUEM, AFINAL? 161
Juliana Santos Monteiro, Vera Lucia Vieira

SOBRE OS AUTORES 185

INTRODUÇÃO

Cultura e trabalho é uma obra coletiva que emerge da colaboração entre professores, alunos e egressos do Programa de Pós-Graduação em História da Pontifícia Universidade Católica de São Paulo (PUC-SP), com um foco especial na Linha de Pesquisa Cultura e Trabalho.

Essa linha de pesquisa e, por consequência, esta obra propõem-se a investigar a condição e as experiências dos trabalhadores por meio dos processos históricos nos quais homens e mulheres concretos tecem sua sociabilidade buscando garantir sua sobrevivência. Consideramos que as relações e formas de trabalho vivenciadas no passado e no presente pelos diferentes sujeitos sociais são constitutivas de seus modos culturais de vida e de luta. Refletir sobre os desafios teóricos e metodológicos que os estudos sobre as novas configurações do trabalho colocam para os professores em suas pesquisas e em sala de aula tem resultado em um esforço continuado de atualização e manutenção do debate.

Este livro propõe-se a investigar as condições e experiências dos trabalhadores mediante os processos históricos que moldam a sobrevivência e identidade dos indivíduos. Cada capítulo oferece uma análise profunda sobre diferentes aspectos das relações de trabalho, suas implicações culturais e sociais, destacando as diversas lutas e resistências dos trabalhadores ao longo do tempo.

Ao longo dos capítulos, o livro explora temas variados, desde a interseção entre esporte e trabalho no início do século XX até as dinâmicas de poder e repressão durante a ditadura civil-militar-empresarial no Brasil. A análise abrange também o impacto das políticas chavistas na Venezuela, as práticas de saúde ocupacional influenciadas por preceitos eugênicos na América Latina, e as transformações econômicas e sociais nos quintais populares de São Paulo.

O primeiro capítulo, "Gobineau e o Brasil: o discurso cientificista e a transição do sistema escravista para o regime assalariado no processo de construção nacional brasileira (1850-1888)", explora a breve, mas significativa, estadia do Conde Arthur de Gobineau no Brasil entre os anos de 1869 e 1870. Gobineau, um teórico racialista do século XIX, é conhecido por suas teorias sobre a degeneração racial. Durante seu tempo no Rio de Janeiro, ele observou a sociedade miscigenada brasileira e interpretou suas observações como uma confirmação de suas teorias sobre a degeneração causada pela mistura racial. Analisam como a tese do Conde de Gobineau ecoa na realidade brasileira, especialmente no contexto da transição da mão de obra escrava para o trabalho assalariado e o imperativo da imigração europeia como fundamentos da construção nacional.

O segundo capítulo, "A economia que vem dos fundos: trabalho, sociabilidade e sobrevivência nos quintais populares de São Paulo", analisa como os quintais coletivos serviram como centros de atividade econômica e social para os trabalhadores urbanos de São Paulo. Foca na atuação feminina nesses espaços, destacando como as mulheres utilizavam os quintais para garantir a sobrevivência econômica e social de suas famílias, estabelecendo redes de solidariedade que transcendiam os limites dos quintais.

"Entre o campo e a fábrica: explorando as complexas relações entre esporte, trabalho e identidade no início do século XX, Antarctica Futebol Clube", o terceiro capítulo, investiga como os times operários de futebol do início do século XX serviam não apenas como espaços de lazer, mas também como arenas de dinâmicas sociais complexas, incluindo questões de discriminação racial. Por meio do estudo de casos como o de Benedicto de Souza, o capítulo revela as dificuldades enfrentadas por atletas negros em um contexto de segregação racial, utilizando fontes primárias valiosas para lançar luz sobre as interseções entre esporte, trabalho e identidade.

O quarto capítulo, "*Modus vivendi*, acidentes de trabalho e mortes: o *modus operandi* da Ditadura militar-empresarial na Itaipu Binacional em relação aos trabalhadores", oferece uma análise detalhada das condições de trabalho e das violações de direitos ocorridas durante a construção da Usina de Itaipu. Explora como a ditadura implementou um controle rigoroso sobre a força de trabalho, resultando em condições precárias, acidentes frequentes e um alto número de mortes, evidenciando um método desumano de gestão laboral.

No quinto capítulo, "Poder e Ideologia 1964: o anticomunismo empresarial-militar no Brasil e na Guerra Fria global – do golpe ao terrorismo de Estado bonapartista (1961-1988)", conforme os próprios autores informam, busca-se desvelar os nexos constitutivos que configuram "o poder ideológico do anticomunismo-empresarial-militar na conspiração contra as Reformas de Base trabalhistas e o governo do presidente da República João Goulart (1961-1964)". Nesse sentido, destacam a articulação dos segmentos autocratas da burguesia nacional e internacional a partir do complexo Ipês/Ibad/ESG/Fiesp (1961-1964), no interior do qual foram engendradas as estratégias do golpe, assim como definidas as diretrizes para a ditadura que se instaura após 1964.

"Cultura e trabalho na Venezuela chavista: os embates com o neoliberalismo (1999-2013)", o sexto capítulo, examina a transformação na relação entre Estado e sociedade sob o governo de Hugo Chávez. A democratização e o protagonismo dos trabalhadores, reconhecidos como participantes ativos na construção dos Conselhos Populares, são contrastados com a oposição neoliberal dos EUA, revelando os conflitos entre democracia participativa e neoliberalismo.

O sétimo capítulo, "Saúde Ocupacional: a construção de um campo de saber que norteia políticas públicas em países latino-americanos, a serviço de quem, afinal?", examina como a Saúde Ocupacional na América Latina foi moldada pelos interesses do empresariado e dos governos, frequentemente excluindo a representação dos trabalhadores. Analisa os debates ocorridos em congressos de Medicina do Trabalho, revelando a adoção de preceitos eugênicos para aumentar o controle social dos trabalhadores e impulsionar a produtividade.

Este livro oferece uma contribuição significativa para a compreensão das complexas relações entre cultura e trabalho, destacando as diversas experiências e desafios enfrentados pelos trabalhadores ao longo da história. Por meio de uma abordagem interdisciplinar e uma análise profunda das fontes históricas, *Cultura e trabalho* lança luz sobre as dinâmicas sociais, políticas e econômicas que moldaram e continuam a influenciar a vida dos trabalhadores em diferentes contextos históricos.

Agradecimento especial à Capes, que, pela Portaria n.º 155, de 10 de agosto de 2022, Programa de Desenvolvimento da Pós-Graduação (PDPG) Emergencial de Consolidação Estratégica dos Programas de Pós-Graduação *stricto sensu* acadêmicos, contribuiu de forma decisiva para a publicação deste livro.

Os organizadores

GOBINEAU E O BRASIL: O DISCURSO CIENTIFICISTA E A TRANSIÇÃO DO SISTEMA ESCRAVISTA PARA O REGIME ASSALARIADO NO PROCESSO DE CONSTRUÇÃO NACIONAL BRASILEIRA (1850-1888)

Alberto Luiz Schneider
Beatriz Lissker

Introdução

O Conde Joseph Arthur de Gobineau[1] (1816-1882) foi um dos mais relevantes teóricos racialistas do século XIX. Inserido em um universo em que, soltas as amarras das explicações religiosas, a ciência emerge como novo e irrefutável discurso de hierarquização socio racial, o Conde foi um dos intelectuais que se dedicaram a pensar a conjuntura ocidental a partir do viés racial. Apelidado por Hanna Arendt (1990, p. 203) de "nobre frustrado e intelectual romântico", o francês Arthur de Gobineau enaltecia o passado feudal do Ocidente, quando a nobreza ainda ocupava o topo da hierarquia social e as misturas raciais eram menos frequentes. Gobineau acreditava não ser um homem de seu tempo e, inclusive, atribuiu à imoralidade de seus contemporâneos o insucesso de suas obras.

Nascido em Ville-d'Avray em uma família que já carregava o desprezo pelos novos ventos da Revolução, e tendo traçado uma carreira intelectual perpassada pelas letras e pela diplomacia, Gobineau foi um grande estudioso da história das antigas civilizações. Diante de um pre-

---

[1] Em 1853, enquanto concluía os primeiros tomos do seu *Essai*, Gobineau forjou para si mesmo uma genealogia mítica que o conectava, por linhagem de sangue aristocrático e cavaleiresco, a Ottar Jarl, o viking normando que descenderia do deus Odin (Raymond, 1990). Segundo Jean-François de Raymond (1990), um dos biógrafos de Gobineau, a denominação Conde de Gobineau não teria vindo da pia batismal e, portanto, teria sido obra de sua própria imaginação, determinada em elevá-lo ao estado nobiliárquico.

sente degradado pelos falsos ideais de igualdade e democracia, ele busca no passado a chave para a compreensão de suas frustrações (*apud* Boissel, 1993). Assim, o Conde se propôs a responder o que para ele representava a grande questão do século: o que leva civilizações que outrora encontraram seu apogeu a culminarem em um processo de degeneração absoluta? Seus estudos apontaram para uma resposta somente: a sociedade é composta de raças distintas em níveis de civilização hierárquicos, fazendo com que a mistura entre *tipos* discrepantes, isto é, a miscigenação, degrade os genes e o espírito de indivíduos e civilizações como um todo.

Esse grande estudo, cujo esforço de produção estendeu-se por mais de dez anos, apesar de não ter sido recebido da forma como Gobineau acreditava ser merecido[2], tornou-se posteriormente sua obra mais conhecida, o *Essai sur l'inégalité des races humaines*[3] (Gobineau, 1853, 1855). Como observa Bethencourt (2018, p. 381):

> Tinha como projeto uma história do mundo em que o impacto da hierarquia das raças mostraria que algumas eram, em essência, bem mais capazes do que outras, opondo-se ao "dogma liberal da fraternidade", que pressupunha a "igualdade absoluta das raças". Gobineau desenvolveu uma estrutura erudita, demonstrando uma impressionante capacidade de coleta de dados arqueológicos, linguísticos, históricos, etnológicos e científicos para sustentar o seu argumento.

Gobineau não foi o único tampouco o primeiro a trabalhar com o argumento racialista[4]. Ainda assim, a magnitude que sua obra encontrou posteriormente é significativa. No seu tempo e espaço, Gobineau foi um dos intelectuais responsáveis pelo fomento do denominado *racialismo científico*, aquele que pressupõe não somente a existência de raças, mas também que elas se estruturam hierarquicamente, exigindo que raças inferiores estejam apartadas do processo civilizatório (Bethencourt, 2018). A partir do final do século XIX e no decorrer do século XX, as teorias do

---

[2] Foram poucos os seus leitores, e entre eles as críticas se sobressaíram (Poliakov, 1974).

[3] *Ensaio sobre a desigualdades das raças humanas*, que, no intuito de fazer do texto mais fluido e dinâmico, passaremos a chamar de *Essai*.

[4] Trabalhamos aqui com a fundamentação teórica de Francisco Bethencourt (2018), que, ao produzir um panorama do surgimento e aprimoramento do racismo enquanto escopo teórico e prática segregacionista, afirma ser o racialismo "o esforço científico para justificar e reificar as divisões, bem como as hierarquias de raças, que supostamente seriam inatas, imutáveis e perpétuas" (p. 368). Isto é, Gobineau foi uma das figuras que estiveram preocupadas em teorizar as hierarquias decorrentes da raça, o que, por sua vez, de acordo com Banton (1970), extrapola a prática puramente racista.

Conde de Gobineau foram reivindicadas, reinterpretadas e instrumentalizadas, contribuindo para o fomento do discurso eugenista, para práticas de segregação racial e para a justificativa moral e histórica de extermínios étnicos (Sussman, 2020).

Entre seus postos diplomáticos, Gobineau foi enviado (para seu desgosto) ao Brasil em junho de 1869 para servir como ministro plenipotenciário da França no Rio de Janeiro, onde viveu por 11 meses, até abril de 1870. Durante sua curta estada no Brasil, o Conde se assusta com as cores, os costumes e as tradições da população, que ele associa inclusive a *um bando de macacos*[5]. O Brasil, na visão fatalista do Conde, estaria adiantado no processo de decadência, uma vez que a população se encontrava em grau tão elevado de miscigenação que, de acordo com seus cálculos, estaria fadada ao desparecimento em menos de 200 anos[6]. Ou seja, a realidade brasileira representava para o diplomata um cenário empírico da progressão do cruzamento entre as raças. No segundo volume do seu *Essai*, publicado em 1855, Gobineau defende a premissa de que "a reunião de todos os tipos degenerados dá e dará necessariamente origem a novas desordens étnicas" (Gobineau, 1853, p. 536), fato esse que ele acredita ter comprovado em terras brasileiras.

Apesar do *espetáculo da mestiçagem*[7], Gobineau encontra alento na figura de Dom Pedro II, de acordo com ele, o nobre mais culto que já conhecera. Assim, durante o período em que residiu no Palácio dos Estrangeiros, pouco ocupado com o trabalho[8], Gobineau e Dom Pedro II encontravam-se semanalmente no Paço Imperial, onde debatiam política, literatura e arte. A amizade entre ambos os "nobres" perdurou até o fim da vida do Conde, e foram inúmeras as correspondências trocadas por eles. Fruto da admiração e do apreço de Gobineau pelo Imperador brasileiro, e claramente ciente de que a aliança com tal figura traria benefícios políticos, financeiros e pessoais, o Conde escreve em 1873 um artigo intitulado *L'Émigration au Brésil: l'Empire du Brésil à l'Exposition Universelle de Vienne* sob encomenda do Imperador.

---

[5] Uma apologia ao conto *As Mil e Uma Noites*, que Gobineau muito gostava e sobre o qual escreve em carta a Marie Dragoumis em julho de 1869. Na carta ele se compara a *Simbá*, que, ao atracar em uma terra desconhecida, encontra uma multidão de macacos de diferentes cores, tamanhos e idades.

[6] Previsão que ele demonstra por meio de cálculos e estatísticas em seu artigo *L'Émigration au Brésil: l'Empire du Brésil à l'Exposition Universelle de Vienne* (1873).

[7] Denominação utilizada por Schwarcz (1993), ao referir-se ao Brasil do século XIX.

[8] Em carta à sua esposa (1869 apud Raeders, 1988), Gobineau se aborrece com o fato de que as únicas e efêmeras questões que o ocupam são a Guerra do Paraguai, o comércio do café e a cotação do papel moeda.

O artigo em questão, apresentado em 1873 no Congresso Internacional de Viena e publicado no ano seguinte no periódico francês *Le Correspondant*[9], apesar de tecer um enorme elogio às paisagens e às riquezas naturais do Brasil, explicita que *faltam braços* para converter o potencial brasileiro em uma verdadeira nação. Para tanto, e em consonância com um determinado imaginário da época, Gobineau apela aos europeus que optem por imigrar ao Brasil e possam, assim, civilizá-lo. O Conde deixa claro que a imigração europeia seria responsável não somente pelo processo de branqueamento, ela seria o alicerce capaz de garantir um futuro a um país sem passado. Parte fundamental desse processo seria precisamente a substituição da mão de obra escravizada pelo regime assalariado de trabalho protagonizado por imigrantes.

Isto é, Gobineau ecoa um determinado projeto de construção nacional[10], vinculado sobretudo à Geração de 1870 no Brasil. Tal projeto pressupunha que construir a nação brasileira perpassava necessariamente pela instrumentalização do discurso cientificista para assegurar o trabalho assalariado, o fim do latifúndio e o aumento da população branca (Seyferth, 1996). As populações negras e miscigenadas representavam, portanto, a alegoria do atraso, tanto do ponto de vista do imaginário quanto sob a perspectiva material do mundo do trabalho. Nesse sentido, o artigo produzido por Gobineau, além de seu *Essai* e correspondências trocadas com amigos e familiares no decorrer de sua estada no Rio de Janeiro, permite analisar em que medida a ciência esteve vinculada a um projeto de transição de mão de obra no Brasil em consonância com a necessidade de hierarquização racial ante o desmonte da instituição escravista.

1 – Arthur de Gobineau: raça, ciência e civilização

"Nasci em 14 de julho, e no mesmo dia tomaram a Bastilha. O que prova que os extremos se tocam" (*apud* Boissel, 1993, p. 24), escreveu Gobi-

---

[9] Periódico anual francês de caráter liberal.
[10] Ao tratarmos de Arthur de Gobineau enquanto um intelectual, isto é, figura que influenciou e foi influenciada pela conjuntura que o circunscrevia, algumas considerações são relevantes. De acordo com Pierre Bourdieu (2004), os intelectuais constituem um microcosmos no mundo social regido por uma lógica específica, apesar de inseridos em uma determinada estrutura. Portanto, se por um lado analisar a figura de Arthur de Gobineau e sua obra não significa tratar do século XIX e do debate cientificista de forma absoluta, por outro, sua tese nos revela importantes elementos estruturais desse tempo e espaço. Se, como aponta Wasserman (2015), o intelectual moderno é aquele que critica ou legitima a ordem sob a qual vive, o Conde de Gobineau pode ser considerado um grande desafiador da modernidade, fazendo do seu *Essai* a vitrine do seu descontentamento.

neau para sua irmã Caroline em 1867. A frase de fato ilustra uma irônica coincidência, uma vez que o homem que jamais se sentiria pertencente ao seu tempo nasceu precisamente no marco histórico que projetava as transformações do Antigo Regime em direção à Modernidade.

Arthur de Gobineau, filho primogênito do capitão Louis de Gobineau e de Anne Madeleine de Gercy, veio ao mundo em 1816, em uma família que pode ser descrita como contrarrevolucionária. Poeta, romancista, ensaísta, comentarista político, jornalista, diplomata e até mesmo escultor, Gobineau teceu uma trajetória perpassada pelas letras e pela emergente ciência. Sua mais conhecida obra, o *Essai*, trata-se de um tratado histórico no qual o autor pretendeu demonstrar a consonância entre o paradigma científico racial e o processo de surgimento e destruição das civilizações.

A história demonstrava ao *nobre* francês que a morte de todas as civilizações seria uma realidade da qual não se poderia escapar, e no cerne desse processo estaria a miscigenação entre *tipos* raciais distintos. A ambiguidade de seu pensamento se traduz na premissa de que, apesar de ser a miscigenação entre as raças o elemento capaz de produzir uma civilização, é ela também que garantiria o fim de todas as sociedades. Seu esforço intelectual reside, portanto, na busca científica da identificação da causa que fundamenta o declínio inevitável das civilizações. Nas suas palavras:

> [...] Mais quand, après un temps de force et de gloire, on s'aperçoit que toutes les sociétés humaines ont leur déclin et leur chute, toutes, dis-je, et non pas telle ou telle ; quand on remarque avec quelle taciturnité terrible le globe nous montre, épars sur as surface, les débris des civilisations qui ont précédé la nôtre, et non seulement des civilisations connues, mais encore de plusieurs autres dont on ne sait que les noms, et de quelques-unes qui, gisant en squelettes de pierre au fond de forêts presque contemporaines du monde, ne nous ont pas même transmis cette ombre de souvenir ; lorsque l'esprit, faisant un retour sur nos États modernes, se rend compte de leur jeunesse extrême, s'avoue qu'ils ont commencé d'hier et que certains d'entre eux sont déjà caducs : alors on reconnaît, non sans une certaine épouvante philosophique, avec combien de rigueur la parole des prophètes sur l'instabilité des choses s'applique aux civilisations comme aux peuples, aux peuples comme aux États, aux États comme aux individus, **et l'on est contraint de constater que toute agglomération humaine, même**

protégée par la complication la plus ingénieuse de liens sociaux, contracte, au jour même où elle se forme, et caché parmi les éléments de sa vie, le principe d'une mort inévitable[11] (Gobineau, 1853, p. 40-41).

Gobineau acredita na existência de uma raça original, descendente direta de Adão, submetida a condições naturais mais poderosas e, ela mesma, mais facilmente moldável aos diferentes climas. Dessa raça original, ou "raça primária", as raças atuais herdaram somente caracteres gerais. Graças à origem única de todas as raças atuais é que, entende Gobineau, os seres humanos seriam capazes de produzir híbridos fecundos, e essa seria a única forma de romper a "eterna separação das raças" (Gobineau, 1853, p. 111). A ação cosmológica teria gerado então três raças distintas – a branca, a amarela e a negra –, e dentro dessas três raças chamadas "raças secundárias" ainda haveria variações produzidas pelas mesmas forças. A mistura entre esses três tipos puros daria origem ao "tipo terciário", que, uma vez misturados, geram as "raças quaternárias" e assim por diante. Sobre esses últimos grupos, aqueles que atingiram um grau mais elevado de mistura étnica, afastando-se da pureza, Gobineau (1853, p. 117) declara que "não oferecem mais do que um espetáculo horrível de anarquia étnica" (Gobineau, 1853, p. 117).

Apesar de atraente, a ideia de perfectibilidade é, para o autor do *Essai*, extremamente limitada: se são as civilizações fruto de processos miscigenatórios originários, é possível determinar *tipos* que se aproximam da plenitude racial, entretanto a pureza já não mais existe. Essa é a triste conclusão que repousa sob as mãos de Gobineau. O Conde trataria de demonstrar concretamente onde residem as desigualdades raciais, desenhando de forma didática, por assim dizer, a hierarquia que sustenta sua tese. Os negros, na base dessa suposta pirâmide, seriam os mais "brutos e simples, com faculdades de pensamento medíocres ou mesmo nulas"

---

[11] "Mas quando, após um tempo de força e glória, percebemos que todas as sociedades humanas têm seu declínio e queda, todas, digo todas, e não apenas uma ou outra; quando observamos com que terrível taciturnidade o globo nos mostra, espalhados em sua superfície, os destroços das civilizações que nos precederam, não apenas das civilizações conhecidas, mas também de várias outras cujos nomes desconhecemos, e de algumas que, jazendo como esqueletos de pedra no fundo de florestas quase contemporâneas ao mundo, nem mesmo nos transmitiram essa sombra de memória; quando a mente, refletindo sobre nossos Estados modernos, reconhece sua extrema juventude, admite que começaram ontem e que alguns deles já estão caducos: então reconhecemos, não sem certo terror filosófico, como a palavra dos profetas sobre a instabilidade das coisas se aplica às civilizações assim como aos povos, aos povos assim como aos Estados, aos Estados assim como aos indivíduos, e somos obrigados a constatar que toda aglomeração humana, mesmo protegida pela mais engenhosa complicação de laços sociais, contrai, no próprio dia em que se forma, e oculto entre os elementos de sua vida, o princípio de uma morte inevitável." (tradução nossa).

(Gobineau, 1853, p. 235), eles possuiriam sentidos primitivos, de forma que não saberiam diferenciar odores e gostos prazerosos dos nocivos. Acrescido a isso, teriam uma notável instabilidade de humor, a luxúria *inflamada* e a sexualidade exposta[12]. No extremo oposto da hierarquia estariam os brancos e, especificamente, os arianos, que seriam os mais nobres, inteligentes e cruciais membros da raça, não à toa ele forja uma genealogia vinculando-o a uma figura nórdica e pleiteando para si um lugar na mais superior das *castas*. A conclusão torna-se óbvia: o sucesso da civilização estaria impreterivelmente vinculado à pureza do sangue ariano.

Se para Gobineau sociedades tornam-se civilizações por meio do processo de miscigenação, e viabilizam nações, sobretudo a partir da conquista de novos povos e territórios, o resultado inevitável é que tanto os conquistadores quanto os conquistados acabam por se envolver no processo miscigenatório, gerando uma descendência que não compartilha necessariamente das mesmas características distintivas dos povos originais (Gahyva, 2006b) e caminhando em direção à degeneração étnica, moral, política e social.

A instrumentalização da história é que dá a Gobineau o direto de utilizar-se do passado para elaborar um prognóstico ao futuro. Se o passado comprova que a superioridade do sangue ariano já se diluiu de tal forma que não mais é capaz de "sustentar o edifício de nossa sociedade" (Gobineau, 1855, p. 526), o futuro reserva o que ele chama de *caput mortuum*, ou seja, *restos sem valor*.

As nações converter-se-iam em "rebanhos humanos", que, "sobrecarregados por uma sonolência monótona, viverão como búfalos ruminantes nas poças estagnadas dos pântanos" (Gobineau, 1855, p. 527). Em outras palavras, o progresso das civilizações chegará ao fim, e o homem "conhecerá sua marcha vacilante rumo à decrepitude" (p. 529). Por isso, a pergunta do século não seria quando morreremos, mas sim se chegaremos à nossa morte absolutamente degenerados. A resposta é, portanto, óbvia, já que, conforme a miscigenação avança, a humanidade retrocede. Nesse sentido, o prognóstico para o Brasil seria ainda mais catastrófico.

---

[12] Vale ressaltar que o conceito de raça não possui nenhuma sustentação científica. Embora tenha marcado uma era de avanços técnicos e se tornado parâmetro de análise para determinar o grau de civilização das sociedades, a terminologia raça trata-se de um conceito forjado que, por operar sobre categorias reais, deve ser investigado (Costa Filho, 2013). O substrato que deu sentido à ideia de raça no Brasil e no mundo foi sobretudo de ordem política e econômica. Nesse sentido, referências como Frantz Fanon, Kabengele Munanga, Clóvis Moura, Aimé Césaire, entre outros, sinalizam posteriormente, no século XX, as tensões psíquicas e políticas que se entrelaçam na dialética construção da identidade negra em oposição à branca por meio de discursos que negavam o reconhecimento do negro como cidadão pleno, lógica que perdura até os dias de hoje e por meio da qual "o branco incita-se a assumir a condição de ser humano" (Fanon, 2008, p. 27).

2 – Gobineau e o Brasil: o espetáculo da mestiçagem

> *A miscigenação se transformou em assunto privilegiado no discurso nacionalista brasileiro após 1850, vista como mecanismo de formação da nação desde os tempos coloniais e base de uma futura raça histórica brasileira, de um tipo nacional, resultante de um processo seletivo direcionado para o branqueamento da população. Como consequência, será assunto obrigatório na discussão da política migratória.*
>
> (Seyferth, 1996, p. 43)

O Brasil, na perspectiva de Gobineau, enfrentava dois desafios fundamentais: o primeiro consistia na carência de um passado medieval, período ao qual o autor francês idealisticamente buscava se identificar (como evidenciado por suas críticas contundentes à Revolução Francesa e às suas consequências futuras); o segundo, e mais significativo, residia no alto grau de miscigenação da população brasileira, percebido pelo Conde como um sinal de degeneração. Assim, se a Europa não parecia ter um futuro definido, o Brasil também carecia de um passado. Como uma nação jovem, que não tivera uma Idade Média, o país representava para o Conde a triste materialização da ausência de um futuro (Raeders, 1988).

Sobre os brasileiros, ele escreve em carta a Carolina de Gobineau, em 19 de abril de 1869:

> Uma população toda mulata, com sangue viciado, espírito viciado e feia de meter medo [...] Nenhum brasileiro é de sangue puro; as combinações dos casamentos entre brancos, indígenas e negros multiplicaram-se a tal ponto que os matizes de carnação são inúmeros, e tudo isso produziu, nas classes baixas e nas altas, uma degenerância do mais triste aspecto [...] Já não existe nenhuma família brasileira que não tenha sangue negro e índio nas veias; o resultado são compleições raquíticas que, se nem sempre repugnantes, são sempre desagradáveis aos olhos (*apud* Raeders, 1988, p. 90).

No que diz respeito à conformação da população brasileira, alguns pontos merecem atenção. O primeiro deles, como explica Chalhoub (*apud* Carvalho, 2012), é a expressiva presença de populações miscigenadas que constituem a nação desde os primórdios da colonização. De acordo com o censo de 1872 (produzido somente dois anos após a conclusão do ofício diplomático de Gobineau no Brasil), 38,1% da população era branca, 19,6% preta, 38,2% parda e 3,9% indígena. Assim, pretos e pardos somados, fossem eles libertos ou escravizados, contabilizavam quase 60% do contingente populacional brasileiro.

Gobineau experiencia em 1869 um país em vias de se modernizar perante os imperativos técnicos, científicos e políticos da segunda metade do século XIX. Ou seja, é um país no qual o sistema escravista encontra-se em declínio e as teorias científico-raciais penetram os ciclos intelectuais enquanto novo discurso de dominação étnica. É aqui que Gobineau (já arrogante e certo de suas proposições teóricas) acredita deparar-se com a *barbárie étnica*. E, por isso, a grande premissa do seu artigo apresentado no Congresso de Viena, em 1873, é a de que o branqueamento deve ocorrer por meio da imigração, para que uma nação decrépita como a nossa pudesse se reerguer.

Em consonância com o processo migratório, incentivado pelo Governo sobretudo a partir da década de 1850, destacam-se os discursos em torno do escravismo, que, do ponto de vista institucional, começa a se desmontar a partir da segunda metade do século (Needel, 1993). Em 1850, foi aprovada a Lei Eusébio de Queiroz, que proibia o tráfico negreiro (e, diferentemente das regulamentações de 1831 e 1835, mostrou-se eficaz na redução da entrada de escravizados no país). Aliada ao fim do tráfico, a Lei de Terras, datada do mesmo ano, garantia que as terras se mantivessem nas mãos de senhores brancos, o que, por sua vez, operava no sentido de fixar as populações negras e miscigenadas recém-libertas às margens da sociedade. Destacam-se aqui também as consequências desencadeadas pela Guerra do Paraguai, entre elas a presença de escravizados no Exército Imperial, borrando a fronteira entre as atividades próprias para pessoas livres e aquelas para as escravizadas. Sinal esse que também aponta para o colapso e a obsolescência do regime escravista (Moura, 2013).

Essas transformações são golpes duros à manutenção do regime escravocrata. Assim, na década de 1870, o fim da escravidão em terras brasileiras é mais do que nunca uma questão de tempo, passando por uma espécie de sobrevida, que se estenderia até o ano de 1888. Constata-se, nesse momento, portanto, a urgência em demarcar posições na sociedade sem que houvesse perspectivas de igualdade racial, o que acentua a relevância das teorias de cunho racialista como a de Gobineau (Schneider, 2019).

Tratava-se de um escopo intelectual capaz de possibilitar a perpetuação de uma lógica de respaldo a um ordenamento social no qual os negros e os miscigenados só poderiam ocupar posições subalternas. Ou seja, o discurso cientificista estaria encarregado de fornecer os instrumentos necessários para que as diferenças continuassem a garantir desigualdade. Nesse sentido, a antropóloga Mariza Corrêa (2001, p. 43) argumenta:

> [...] não parece ter sido apenas pela persuasão ideológica, apoiada em relações de favor entre as raças que os negros e seus descendentes foram socialmente excluídos da participação de vários setores da vida pública brasileira, mas também pela manutenção de uma política autoritária em cuja definição a presença da discriminação não pode ser esquecida. Essa exclusão parece ter sido também o resultado de uma atuação coerente, apoiada por um racismo "científico", que legitimou iniciativas políticas seja no nível nacional – como no caso dos privilégios concedidos à imigração que tiveram como consequência uma entrada maciça de brancos no país – seja em nível regional, como políticas específicas de repressão das atividades religiosas ou culturais dos negros.

O Brasil, além de não ter um passado, era um país que se dizia jovem, mas que, aos olhos do Conde, já nascera velho. O grau de miscigenação encontrava-se de tal forma avançado que Gobineau chegou a afirmar, com base em estimativas relativas à população, à fertilidade e à mortalidade, que os brasileiros se tornariam uma raça extinta em cerca de 270 anos, mas imediatamente voltaria atrás para melhor calcular e então chegar à conclusão de que menos de 200 anos seria tempo suficiente para que os brasileiros desaparecessem.

> [...] somos inclinados a acreditar que o número de 270 anos é extremamente exagerado, e que em menos de 200 anos, na verdade, veremos o fim da posteridade dos companheiros de Costa Cabral [sic] e dos imigrantes que o sucederam. Aliás, o Brasil já se acostumou a tal espetáculo. Sem falar 129 das numerosas tribos dos Guaranis, que não deixaram nada mais do que seus nomes no solo que possuíam há bem poucos anos ainda, algumas variedades mestiças, outrora muito conhecidas e capazes de desempenhar um importante papel, já não existem hoje; os mamelucos, por exemplo, do que, aliás, a província do Pará não chega a se lamentar (Gobineau, 1873 *apud* Raeders, 1988, p. 241-242).

No artigo, Gobineau tece um grande elogio ao potencial de vida que o Brasil poderia oferecer àqueles que se aventurassem na empreitada de civilizar uma nação. Para comprovar sua tese, utiliza-se de dados concretos e estatísticos: o Conde cita a vastidão dos portos (42) e o avançado sistema de navegação a vapor, a hidrografia perfeita para navegação e os projetos em andamento para conectar algumas das principais vias fluviais (Gobineau, 1874 *apud* Raeders, 1988, p. 224). Além disso, ele chama atenção para os constantes esforços do Governo brasileiro em explorar cada vez mais as grandes bacias (Amazonas, Pará e São Francisco) e os principais rios do país. Entre os esforços científicos de "homens de reconhecido mérito" para desbravar o território brasileiro, o Conde destaca Agassiz[13], "cuja magnífica exploração do Amazonas produziu para a ciência benefícios de primeira grandeza" (Gobineau, 1874 *apud* Raeders, 1988, p. 224).

De fato, do ponto de vista do desenvolvimento urbano e industrial, a segunda metade do século XIX é marcada por importantes processos, sobretudo no Rio de Janeiro, onde vive Gobineau. As grandes reformas que tiveram início na década de 1850, entre elas a expansão de linhas férreas, o desenvolvimento de portos, a criação de armazéns para o estoque do café e o aumento do capital estrangeiro, operam também no sentido de suplantar o caráter escravocrata do Rio de Janeiro e do Brasil como um todo, em prol da modernização, o que, por sua vez, representa mais uma forma de atrair imigrantes europeus (Andreatta, 2006).

O Conde valoriza o clima brasileiro que proporciona condições saudáveis de vida para a população, a exuberância da natureza, a abundância de rios e a fauna e a flora que propiciam oportunidades de subsistência e crescimento econômico. O intelectual francês elogia ainda o potencial minerador e a qualidade das pedras preciosas brasileiras, e menciona a força com que caminha o processo de industrialização. Contudo, por conta da imensidão da natureza na Costa de Cabral, Gobineau argumenta que a ação humana ainda é pouco notada diante da amplitude da *mata virgem* (Gobineau, 1874 *apud* Raeders, 1988, p. 212-213).

Apesar de exaltar as belezas naturais, é possível observar a crítica incutida nesse pretenso elogio. De fato, Gobineau se impressiona com a vegetação brasileira, contudo, diante de uma população degenerada e desprovida de moral, esses recursos não somente sobrepõem-se à própria

---

[13] Intelectual suíço que esteve no Brasil no século XIX e dedicou-se a estudar a origem das diferenças humanas, defendendo a hierarquização científica por meio das raças.

ação humana como ficam aquém do seu potencial de geração de lucros, não pela ausência de esforços do Governo, mas pela falta de populações capazes de trabalhar rumo ao progresso. Isto é, faltam os meios para valorizar a enormidade dos tesouros brasileiros, na medida em que *faltam braços*:

> Quando uma terra é assim dotada, é irrevogável que, num tempo determinado, seu destino seja se tornar o centro de uma importante aglomeração da raça humana. Apta a responder todas as necessidades e satisfazer todas as ambições, podendo também facilitar o desenvolvimento numérico das populações e garantir-lhes a riqueza destinada a elevar sua inteligência e a aperfeiçoas seu estatuto social, na medida em que o valor intrínseco da raça domiciliada possa se prestar a isso, uma terra semelhante desse necessariamente atrair todos os que, entre os homens, têm sede de trabalho frutuoso e de bem-estar assegurado (Gobineau, 1874 *apud* Raeders, 1988, p. 239).

Gobineau escreve que, depois de realizar algumas pesquisas (ele não menciona onde ou como encontrou os dados), verificou que naquele ano, 1873, havia um total de 11.780.000 habitantes no Brasil, e desses a maioria estava concentrada no litoral, sobretudo no Rio de Janeiro (600.000 habitantes). Contudo, ele mesmo afirma que é possível duvidar desses dados, na medida em que não se tem total conhecimento dos métodos de pesquisa adotados para aglomerá-los. É então que o Conde menciona que existem outras estimativas que apontam que a população brasileira não passaria de 9 milhões de habitantes, número esse que, nos últimos 30 anos, havia sofrido uma redução de mais de 1 milhão de pessoas (novamente, ele não menciona a forma de coleta desses dados).

Assim, ele consolida as bases teóricas para a defesa de sua tese: por alguma razão (que ele trataria de explicar em seguida), a população brasileira sofreu, de acordo com suas pesquisas, um considerável decréscimo de mais de 1 milhão de pessoas. De acordo com o Conde, o aumento no grau de miscigenação da população e a difusão dos *tipos* negros e indígenas geraram uma diminuição do genótipo português e branco como um todo. Ele afirma que, em muitos cenários, o processo de miscigenação racial, além de gerar um número limitado de gerações, produz populações "estéreis e inviáveis que desaparecem antes de darem à luz, ou então deixam rebentos que não sobrevivem": "É inquestionável que, antes de cinquenta anos, todos os mulatos do Haiti terão desaparecido. No Brasil, acabamos de ver que um período de trinta anos roubou um milhão de almas" (Gobineau, 1874 *apud* Raeders, 1988, p. 241).

Em consonância com sua grande obra, o *Essai sur l'inégalité des races humaines* (1853, 1855), a tese apresentada a respeito da população brasileira não diverge em termos teóricos do diagnóstico acerca das populações arianas, que não transcorreram a história ilesas das misturas raciais:

> A relativa superioridade tende constantemente a desaparecer; a parte do sangue Ariano, já tantas vezes subdividida que ainda existe em nossas regiões, e que por si só sustenta o edifício de nossa sociedade, está se movendo a cada dia em direção aos extremos de sua absorção. O princípio branco, contida em cada homem em particular, estará na proporção de 1 para 2, uma proporção triste que, de qualquer forma, bastaria para paralisar sua ação (Gobineau, 1855, p. 526).

Diante desse cenário, Gobineau (1874 *apud* Raeders, 1988, p. 241) continua com uma previsão fatalista de futuro para o Brasil: "em menos de 200 anos, na verdade, veremos o fim da posteridade dos companheiros da Costa de Cabral e dos imigrantes que o sucederam. Aliás, o Brasil já se acostumou a tal espetáculo" (Gobineau, 1874 *apud* Raeders, 1988, p. 241).

Existiria, porém, uma forma de reverter a catástrofe premeditada no Brasil, essa é, pois, a motivação para a produção do artigo: em vez de se reproduzirem entre si, os brasileiros deveriam diluir os *elementos daninhos* por meio da aliança com raças de mais valor, aquelas advindas da Europa. De acordo com Gobineau, a vinda de europeus para o Brasil e a consequente difusão dos genes brancos poderiam restabelecer a raça, melhorar as condições de saúde pública, restaurar a índole moral e, portanto, renovar a sociedade brasileira. Esse problema é apresentado pelo Conde como um embate entre a civilização e a barbárie, e ele afirma que é necessário sonhar com a civilização dos selvagens como quem almeja a moralização dos criminosos, ato esse que "demonstra esperança e generosidade por parte do que vos escreve". Gobineau (1874 *apud* Raeders, 1988, p. 250-251) conclui sua tese sobre o Brasil afirmando:

> Quando se examina a situação do Brasil, um aspecto surpreende. Riquezas extraordinárias, leis sensatas, liberais e protetoras, grandes garantias de paz e de tranquilidade, preciosos elementos de prosperidade e de trabalho, nada falta, a não ser uma população suficiente e, por conseguinte, braços. [...] Mas, agora que o Brasil será mais conhecido e

> que, graças à excelente obra que me dei por objetivo divulgar, facilmente se poderá perceber o que vale este país [...], tenho certeza de que a emigração vai-se dirigir cada vez mais para o Brasil, ajudando a produzir, nesta terra de promissão, um desenvolvimento econômico cujo arrojo será fantástico, bastando que o engenho humano saiba tirar partido da prodigalidade da natureza. Certamente não existe país que se ocupe mais constantemente da segurança e do futuro dos homens, sobre quem se fundam, aliás, justas esperanças para a prosperidade nacional.

O argumento defendido pelo intelectual Gobineau no decorrer de sua produção é que, apesar de prejudicado pela miscigenação e pelo aumento das populações degeneradas, o Brasil teria ainda uma perspectiva de futuro. A solução seria trazer *novas almas,* imigrantes europeus capazes de disseminar os genes da civilização e substituir a mão de obra escravizada.

Apesar de dedicar sua carreira intelectual a escrever sobre a origem das diferenças humanas, a análise do Conde a respeito do Brasil ecoa um discurso de construção nacional vinculado à permanência de hierarquias raciais e transformações na lógica de trabalho, como veremos a seguir.

3 – Gobineau e o imperativo do regime assalariado

A circulação de ideias no mundo ocidental, sobretudo a partir do século XIX, aponta justamente para o incisivo pensamento em torno das nações modernas e da superação de velhas estruturas diante de conjunturas distintas (Alonso, 2002). Assim, a ciência racialista preconizada por Gobineau e por tantos outros intelectuais da ciência torna-se, ante o contexto brasileiro, um importante ator (Schneider, 2019). A vasta produção da locomotiva intelectual brasileira da década de 1870 esteve empenhada em compreender, explicar e demonstrar a nacionalidade para além das representações construídas àquela altura para definir uma identidade "brasileira". Isto é, pretendia-se buscar a unidade essencial capaz de, simultaneamente, erguer a estrutura sobre a qual repousaria a nova nação e diferenciar *nós* dos *outros* (Needel, 1993).

Tratava-se do mesmo movimento autoanalítico, fundamento e estratégia de um projeto político ambicioso – (re)criar a nação –, cujo conteúdo crítico dirigia-se ao anacrônico sistema monárquico, aos modelos arcaicos de pensamento e de ensino e à produção de um escopo intelectual capaz de sustentar a tudo. A Geração de 1870 indicava a urgência em promover a superação dessas condições político-culturais para que se produzisse a renovação da sociedade, libertando-a da decadência ou do atraso (Alonso, 2002)[14].

Para cumprir com a difícil tarefa de inventar a nação, a intelectualidade recorre ao moderno discurso cientificista, ou seja, os alicerces para a construção nacional estariam fixados no projeto de segregação racial (Schneider, 2019). Sabe-se que Gobineau elaborou e publicou o *Essai sur l'inégalité des races* na década de 1850, e que esteve no Brasil em meados de 1870, sendo que poucos anos depois publicou seu artigo *L'Émigration au Brésil*. Assim, notamos uma relevante confluência de ideias que abrange a segunda metade do século XIX no Brasil e no mundo: o projeto de compreender e, portanto, forjar nações era um imperativo no universo ocidental.

No Brasil, alia-se ao debate cientificista a necessidade imperante do desmonte do sistema escravista, observado pelos intelectuais do período como entrave para o desenvolvimento nacional. Assim, deve-se adicionar à equação da nação brasileira a necessidade do trabalho livre, em detrimento das massas negras escravizadas (Maio, 1996). Se a imigração europeia seria a chave para o desenvolvimento, o trabalho escravo representaria um entrave do ponto de vista econômico e étnico, até porque as grandes propriedades decorrentes do regime escravocrata e agrário minam os esforços de imigração espontânea, colocando também o território como pauta do debate nacionalista (Alonso, 2002). Aliás, os esforços do Governo brasileiro para o incentivo da vinda de imigrantes e o processo legislativo de desmonte da instituição escravista datam da década de 1850, não coincidentemente, momento em que Gobineau está teorizando o conceito de desenvolvimento nacional, e a intelectualidade brasileira faz o mesmo.

De acordo com o intelectual francês, o sistema escravista jogou contra o espírito moderno brasileiro, atrasando e desfavorecendo a nação. Ele explica em seu artigo de 1874 que o anseio pela extinção desse sistema vinha não somente da Europa como do soberano brasileiro (a quem ele tece muitos elogios por seu senso de justiça e sua responsabilidade para

---

[14] Vide a produção teórica do intelectual sergipano Silvio Romero (1851-1914) que esteve em contato com o *Essai* de Gobineau e instrumentalizou-se de suas teorias para produzir seu prognóstico à nação brasileira. Em sua proeminente obra, *A História da Literatura Brasileira* (1888), o sergipano pretendia, mais do que narrar a história da literatura, explicar o próprio país. Romero encontra a chave para sua pergunta nos séculos de miscigenação, e produz uma análise que é, no mínimo, contraditória: o mestiço seria, ao mesmo tempo, o brasileiro nato sobre o qual se ergue nossa identidade cultural e, por outro, o elemento impeditivo do progresso, que, por sua vez, concretizar-se-ia por meio do branqueamento (Schneider, 2005).

com o povo). Como os demais países americanos já haviam demonstrado, o sistema escravista representaria um atraso não somente do ponto de vista econômico como também social, uma vez que a massa de trabalhadores africanos estaria condenando a população à barbárie racial.

O Conde, assim como outros intelectuais do período, posiciona-se contra a escravidão não por algum tipo de consciência social, ao contrário, ele acredita que a mão de obra escravizada representa um atraso do ponto de vista do mundo moderno do trabalho e sob a perspectiva da raça, afinal, sua tese é a de que o genótipo negro é degenerado e precisa ser extinto.

Gobineau defende, contudo, que existe um motivo plausível para a espera que antecipou o processo de abolição, na medida em que o sistema escravista afeta diretamente a produção do café, cultura mais importante do Brasil do XIX. Ele argumenta que é natural que a população e até mesmo seu líder tenham receios para com a abolição, afinal, sem os escravizados, a produção de café seria comprometida (Gobineau, 1874 *apud* Raeders, 1988, p. 240-243). O Conde levanta duas grandes questões que explicariam a permanência do regime escravocrata, mas logo em seguida afirma que elas podem ser e estão sendo solucionadas.

A primeira delas seria, nas palavras de Gobineau (1874 *apud* Raeders, 1988, p. 244), "a incapacidade do negro para o trabalho voluntário", minando qualquer possibilidade de libertá-los. A segunda é a "impossibilidade de substituir este trabalhador, nas latitudes quentes, por operários da raça branca". Mas a experiência vivida nos últimos anos provou que era necessário reconsiderar esses argumentos. Ele explica que os negros emancipados não se mostraram tão hostis ao trabalho, e que os operários brancos não apenas conseguiam trabalhar nos trópicos sem grandes riscos à sua saúde, como eram capazes de produzir com mais eficácia que os africanos (ele cita aqui o exemplo dos portugueses dos Açores):

> Hoje, em vários locais do Brasil faz-se a cultura do café com emigrantes europeus que dão conta do recado perfeitamente bem, deixando prever no futuro resultados ainda mais satisfatórios (Gobineau, 1874 *apud* Raeders, 1988, p. 245).

Esse é, pois, elemento preponderante no imaginário brasileiro da segunda metade do século XIX. A ideia de que os negros seriam incapazes de trabalhar sob um regime de liberdade por conta da sua *má índole* permeia os estudos científicos e antropológicos do período (Schwarcz, 1993, p. 31-62), uma vez que a biologia de toda e qualquer população estaria necessariamente vinculada a seu caráter e disposição para o trabalho[15]. Assim, o mesmo vale para os europeus, já que, por conta do seu alto grau de civilidade decorrente da raça, havia dúvidas relativas a sua força e aptidão física. O próprio Gobineau, ainda no primeiro volume do seu *Essai*, explica que características como inteligência, capacidade de acúmulo de riquezas, força e honra estariam atreladas às raças brancas, ao passo que a brutalidade, a ignorância e o desprezo pelo conhecimento seriam traços de raças terciárias em diante.

Diante dos fatos, Gobineau explica que o Imperador pôde colocar em prática suas intenções e, em 28 de setembro de 1871, aboliu a escravidão, ao promulgar a Lei do Ventre Livre, declarando que ninguém mais nasceria escravo no Brasil. A partir da década de 1870, o Conde argumenta que a prática de alforria espontânea por parte dos senhores estaria tornando-se cada vez mais usual, na medida em que o Governo proporcionava as condições necessárias para garantir a estabilidade dos produtores. Ele alega também que as condições de trabalho dos escravizados atenuara-se com o passar dos anos, permitindo inclusive que eles realizassem algum tipo de trabalho assalariado para arrecadar dinheiro e comprar sua própria alforria (dados esses que se provaram absolutamente equivocados para a historiografia brasileira do século XIX). Diante dessa situação, Gobineau (1874 *apud* Raeders, 1988, p. 246) explica que:

> [...] deu-se uma transformação gradual sem e abalos sem perigos para a segurança pública. E, como o número total de escravos não chega, em todo o Império, a 1,4 milhão, e anualmente diminuiu em proporção crescente, pode-se prever, num futuro próximo, o momento em que o Brasil terá unicamente habitantes livres. Em nenhum lugar a questão foi resolvida tão habitualmente. [...] O Brasil continua a aumentar sensivelmente sua produção e sua prosperidade, ao mesmo tempo que realiza uma transição tão temida e, de fato, tão temível.

Sabe-se que, apesar da tentativa do Conde de alegar a benevolência do Imperador brasileiro e a organicidade do processo de abolição, esse fora, na realidade, um imperativo para o projeto de construção nacional[16]. Isto

---

[15] Não por acaso, em uma das cartas que Gobineau envia a Dom Pedro II, dialogando a respeito do artigo que estaria produzindo, ele menciona que acredita serem os suecos e noruegueses *tipos* ideais para trabalhar no Brasil, por se tratar de povos fortes, bem dispostos e distantes dos ideais revolucionários.

[16] Ademais, a luta abolicionista das populações outrora escravizadas no intuito de afirmar sua humanidade e romper com um sistema de opressão e segregação deve ser considerada e retomada como parte fundamental do processo de abolição. Apesar de não ser esse o foco deste trabalho, é fundamental salientar o combate físico, político e ideológico de mulheres e homens negros no intuito de se libertarem (ver Needel, 1993).

é, o regime escravista encontra seu fim legal para dar espaço à mão de obra imigrante, ainda assim, a população negra recém-liberta permanece às margens de uma sociedade cuja ciência opera agora como inquestionável instrumento de exclusão (Seyferth, 1993). Florestan Fernandes (2008) argumenta que o processo de abolição não expressou nenhum anseio revolucionário favorável à população negra, pelo contrário, tratou-se de uma transformação pelas elites e para as elites ou, no plano racial, dos brancos para os brancos. Logo, o emergente mercado do trabalho assalariado não absorveu os ex-escravizados, que, apesar de libertos da condição de cativos, mantiveram-se ancorados na base da hierarquia civilizacional, tal qual quis Gobineau.

No Brasil, o racismo científico germinou em um contexto de desmonte do regime escravista, na medida em que o ideal de progresso esteve impreterivelmente conectado ao trabalho livre e à superação da economia agrária, que daria espaço ao fomento do processo de industrialização, preconizado por trabalhadores brancos. Nesses termos, a nação que Gobineau imagina em seu artigo e o projeto nacional desenhado pelos intelectuais de 1870 pressupõem a transição da mão de obra e a modernização econômica como formas de civilizar o país. Não bastava, nesse contexto, lamentar a degeneração da raça, como Gobineau, era preciso reabilitá-la do ponto de vista moral e substituí-la no universo do trabalho. Como explica Chalhoub (*apud* Carvalho, 2012, p. 47):

> Ao final do século [XIX], a ideia de civilização estava ligada à de trabalho livre; à superação da escravidão associavam-se imagens de progresso industrial e tecnológico, aperfeiçoamento das instituições financeiras, expansão de mercados, mobilidade voluntaria de trabalhadores, aquisição de direitos civis e políticos, crescimento das cidades.

Tal processo só poderia concretizar-se no Brasil mediante a instrumentalização das teorias cientificistas no sentido de extinguir progressivamente as populações negras e miscigenadas por meio da disseminação dos genes brancos. Tal qual fez Gobineau, a intelectualidade brasileira do século XIX fundamentou sua análise em bases racialistas, avaliando que a nação se estrutura a partir de sucessivos processos miscigenatórios, que, apesar de carregarem o fortuito da origem, tinham em si o poder da destruição. Gobineau completa seu diagnóstico explicando que, caso a imigração branca não se tornasse realidade e o trabalho escravo não fosse suplantado pelo regime assalariado, a jovem nação brasileira seria extinta em menos de 200 anos.

Raça, desenvolvimento, trabalho e nação são, portanto, conceitos que se entrelaçam no decorrer do século e que constituem a resposta suma para o progresso. São esses os firmamentos teóricos de Arthur de Gobineau que ecoam no contraditório cenário brasileiro, operando não somente como instrumentos repositores de desigualdades, mas também com sustentáculos do futuro nacional.

4 – Considerações finais: trabalho, ciência e civilização na construção uma nação moderna

A questão primordial que repousava nas mãos da intelectualidade e das elites brasileiras, sobretudo a partir da segunda metade do século XIX, era o processo de construção nacional (Schneider, 2019). Por meio de redes que permeavam o Novo e o Velho Mundo, o jargão cientificista atracou e difundiu-se no Brasil, onde a miscigenação era regra e o regime escravista ruía. Arthur de Gobineau, apesar de não dedicar muitos momentos de sua trajetória intelectual a pensar o Brasil, esteve aqui entre 1869 e 1870 e revela, por meio de suas correspondências e, sobretudo, do seu artigo publicado em 1874, corroborar a premissa em voga para um determinado imaginário nacional. Seus estudos apontam para um prognóstico de futuro que só poderia existir mediante o ingresso de imigrantes europeus e a substituição da mão de obra brasileira. Portanto, a questão do trabalho torna-se pauta privilegiada ao tratar do processo de modernização nacional sob a égide da emergente ciência.

A transição do modelo produtivo brasileiro adquiria centralidade entre aqueles que se propunham a pensar a nação. A formação de um mercado de trabalho livre foi, portanto, um processo gradual no decorrer do século XIX, e esteve, de acordo com Chalhoub (1990), ancorado em dois alicerces fundamentais: a emancipação dos escravizados e o movimento migratório (que se deu de maneira desigual nas diferentes regiões do país). Tais processos resultaram na criação de um trabalhador expropriado que deveria se integrar ao mercado salarial capitalista.

Emília Viotti da Costa (2012) chama atenção para a concomitância entre a proibição do tráfico negreiro de 1850 e o desenvolvimento de novas atividades econômicas vinculadas à emergência de novos grupos sociais. A expansão da lavoura de café permitiu a acumulação de capital nas mãos de cafeicultores e comerciantes, ainda que concentrados em determinadas províncias. Ademais, grupos sociais associados a bancos, seguros, companhias de imigração, projetos urbanos e ferroviais começam a emergir, aproximando o novo regime de trabalho daquilo que demandava o universo moderno.

Longe de representar uma ruptura, a abolição da escravidão em 1888 constitui-se como um esforço para cumprir com um determinado projeto sociorracial. Sabe-se que o discurso gobiniano, entre diversas outras teorias, encontra terreno fértil no Brasil, e a ciência torna-se relevante instrumento de perpetuação da ordem racial (Carvalho, 1998). Assim, se foi por meio do advento de tais discursos que as populações negras e miscigenadas permaneceram na base da suposta hierarquia civilizacional, foram eles também que, vinculados ao ideário de progresso, advogaram pela necessidade de transição de mão de obra.

O escravizado do século XIX simboliza a degeneração racial e o atraso produtivo de um país incapaz de romper com as amarras do passado e, portanto, relutante em elaborar um prognóstico de futuro (Koselleck, 2014). Para além do âmbito discursivo, o regime assalariado de trabalho cumpriria no Brasil a função de elevar o país ao estado de nação moderna sob os moldes do emergente capitalismo. Os processos industriais ao redor da locomotiva cafeeira, sobretudo no Sudeste do país, representavam mais do que um esforço produtivo, simbolizavam a verdadeira alegoria do progresso da civilização. Para tanto, o trabalhador que operava as máquinas e tornar-se-ia a face de uma nova nação só poderia ser branco, ao passo que os negros "estariam destinados ao desaparecimento no contexto de uma civilização não escravista" (Seyferth, 2019, p. 46).

O discurso gobiniano caminha em consonância com um determinado imaginário ocidental de construção nacional, para o qual o trabalho escravo, o latifúndio e a população africana representavam um empecilho ao progresso. Sua obra ecoa na realidade brasileira, em que o processo de transição da mão de obra escravista para o trabalho assalariado e, consequentemente, o imperativo da imigração europeia constituíam os alicerces do progresso. Nesse sentido, o desmonte da instituição escravista, sobretudo a partir de 1850 – com a promulgação da Lei Eusébio de Queiroz, que proibia o trágico negreiro, e, simultaneamente, a Lei de Terras, que dificultava o acesso dos despossuídos à propriedade –, promove transformações a nível conjuntural, ainda que garantindo a perpetuação de uma determinada estrutura sociorracial (Holanda, 1995, p. 88). Aliás, é relevante destacar que o processo de transição da mão de obra foi, além de gradual, protagonizado concomitantemente por escravizados e imigrantes, isto é, entre as décadas de 1850 e 1880, eram muitos os latifúndios nos quais negros africanos trabalhavam forçadamente ao lado de imigrantes europeus, que dispunham de salários (ainda que ínfimos) e acomodações para suas famílias dentro das propriedades (Fausto, 2006).

Seyferth (*apud* Maio, 1996, p. 44-47) observa que o Brasil da segunda metade do século XIX viu-se obrigado a debater a questão da colonização de suas terras em consonância com a necessidade de fomentar o progresso nacional. Nesse sentido, a autora argumenta que, no intuito de disponibilizar propriedades para os imigrantes da Europa, sobretudo a partir da promulgação da Lei n.º 601 em 1850, que regulamentava a concessão de terras públicas e facilitava a expedição de títulos de propriedades para estrangeiros, a abolição da escravidão representa a única medida possível para civilizar o país. Uma vez que o imigrante seria o único capaz de produzir uma agricultura "moderna", tem-se que:

> [...] a imigração (europeia) é apresentada como instrumento da civilização; a escravidão e a grande propriedade como impedimento à imigração espontânea, estorvo ao desenvolvimento econômico e do trabalho livre. [...] Desta forma, a política de colonização se voltou para a Europa em busca de colonos, usando, durante o Império, o expediente dos contratos firmados com aliciadores que se encarregavam da propaganda e do recrutamento em diversos países europeus (*apud* Maio, 1996, p. 45-46).

Se para Gobineau é a raça superior àquela responsável por civilizar as massas degeneradas e garantir o desenvolvimento de uma nação, constata-se que o Brasil não dispunha em seu contexto de um elemento racial de tamanho porte. Coloca-se, pois, um importante questionamento: quem civilizaria o Brasil? A intelectualidade brasileira dedicou seus esforços a responder tal pergunta, não à toa emergiu o debate a respeito de quais seriam as raças para as quais o foco da política migratória deveria se destinar (Skidmore, 2012). Nota-se, nesse contexto, que garantir o desenvolvimento[17] da nação brasileira dependeria necessariamente das massas migratórias.

A premissa do branqueamento está explícita no artigo publicado por Gobineau em 1874 e fundamentada pelo seu *Essai*, apesar de o segundo apontar para um futuro mais fatalista. A instrumentalização da ciência

---

[17] Note que aqui trabalhamos a concepção gobiniana de desenvolvimento, aquela que ocorre mediante a superposição racial.

das raças enquanto justificativa para os diversos contextos civilizacionais do Ocidente é justamente o pilar do processo de construção nacional brasileira. Ou seja, se para Gobineau a equação nacional consiste no processo de miscigenação de civilizações e sobreposições de raças superiores como motor do desenvolvimento, no Brasil a equação estrutura-se de forma que as teorias cientificistas, aliadas ao projeto político racial de incentivo à imigração e à sobreposição da mão de obra escravizada pelo regime assalariado, resultariam no processo de formação e conseguinte desenvolvimento nacional. Portanto, como explica Seyferth (1996, p. 43), o resgate da teoria gobiniana foi imprescindível para aqueles que, apoiados no darwinismo social, pensavam o nacionalismo e as formas de trabalho no Brasil.

No cenário brasileiro, o debate cientificista do século XIX esteve profundamente interligado à necessidade premente de desmantelar o sistema escravista, considerado um obstáculo substancial ao desenvolvimento nacional. Nesse cenário, tornou-se imperativo promover a substituição da mão de obra escravizada pelo trabalho livre, uma vez que a imigração europeia era pilar essencial para o progresso, ao passo que o trabalho escravo representava um entrave étnico e econômico.

As relações de trabalho no Brasil da segunda metade do século XIX caracterizavam-se, portanto, pela crise do sistema escravista, resultando em um "problema de mão de obra". Esse processo gradualmente eliminou a figura do trabalhador escravizado, que, aliás, permaneceu às margens da sociedade, sem nenhuma assistência institucional, e deu espaço ao imigrante, que não somente viria para contribuir para o regime de trabalho livre, como cumpriria um papel fundamental no processo de branqueamento nacional, tal qual aclamavam os *pregadores científicos* (Arendt, 1990), vide o Conde Arthur de Gobineau.

Pensar o Brasil da segunda metade do século XIX implica produzir uma associação entre a construção nacional, o discurso científico racial e o progresso da civilização por meio da reposição de mão de obra. Apesar da curta estada do Conde de Gobineau no Rio de Janeiro, ele vivencia uma fundamental transição no cenário brasileiro, marcada precisamente pela ruína do sistema escravista e por políticas governamentais em torno do incentivo à imigração europeia. Como observado previamente, Gobineau ecoava um determinado discurso nacional, no qual a miscigenação representaria a degeneração das sociedades e o trabalho escravo colocava-se como paradigma do atraso. O artigo que o Conde escreve sob encomenda do amigo Imperador Dom Pedro II em 1873, sobretudo quando analisado em consonância com sua mais proeminente obra, o *Essai* (1853, 1855), aponta justamente para a imigração enquanto condição para a existência de um futuro. Somente os europeus seriam capazes de elevar as raças degeneradas e instaurar um regime de trabalho moderno.

Referências

ALONSO, Ângela. **Ideias em movimento**: a geração 1870 na crise do Brasil-Império. São Paulo: Paz e Terra, 2002.

ANDREATTA, Verena. **Cidades quadradas, paraísos circulares**: os planos urbanísticos do Rio de Janeiro no século XIX. Rio de Janeiro: Mauad X, 2006.

ARENDT, Hannah. **Origens do totalitarismo**. São Paulo: Cia das Letras, 1990.

ARENDT, Hanna. **Origens do totalitarismo**: antissemitismo, imperialismo, totalitarismo. São Paulo: Companhia de Bolso, 2013.

AZEVEDO, Celia Maria de. **Onda negra, medo branco**: o negro no imaginário das elites século XIX. São Paulo: Annablume, 2004.

BANTON, M. The concept of racism. *In*: ZUBAIDA, S. (ed.). **Race and Racialism**. London: Tavistock, 1970. p. 17-34.

BANTON, Michael. **A ideia de raça**. Lisboa: Edição 70, 2010.

BETHENCOURT, Francisco. **Racismos**: das cruzadas ao século XX. São Paulo: Companhia das Letras, 2018.

BOAS, Glaucia Villa; GONÇALVES, Marco Antonio. **O Brasil na virada do século**: o debate dos cientistas sociais. Rio de Janeiro: Relume-Dumará, 1995.

BOISSEL, Jean. **Gobineau**: biographie (mythes et réalité). Paris: Berg International, 1993.

BOURDIEU, Pierre. **Os usos sociais da ciência** – por uma sociologia clínica do campo científico. São Paulo: Editora Unesp 2004.

CARVALHO, José Murilo de. **A construção nacional** – 1830-1889. Rio de Janeiro: Objetiva, 2012

CERTEAU, Michel. **A escrita da História**. Rio de Janeiro: Forense Universitaria, 1982.

CÉSAIRE, Aimé. Discurso sobre a negritude. *In*: CESAIRE, Aimé; MOORE, Carlos (org.). **Discurso sobre a negritude**. Belo Horizonte: Nandyala, 2010.

CHALHOUB, Sidney. **Visões de liberdade:** uma história das últimas décadas da escravidão na corte. São Paulo: Companhia das Letras, 1990.

CORRÊA, Mariza. **As ilusões de liberdade**: a escola Nina Rodrigues e a Antropologia no Brasil. 2. ed. Bragança Paulista: Editora da Universidade São Francisco, 2001.

COSTA, Emília Viotti da. A abolição. 9. ed. São Paulo: Editora Unesp, 2012.

COSTA FILHO, Cícero João da. **No limiar das raças**: Sílvio Romero (1870-1914). 2013. Tese (Doutorado em História Social) – Faculdade de Filosofia, Letras e Ciências Humanas, Universidade de São Paulo, São Paulo, 2013.

FAUSTO, Boris. **História do Brasil**. 12. ed. São Paulo: Edusp, 2006

FERNANDES, Florestan. **A integração do negro na sociedade de classes**: o legado da raça branca, volume 1. São Paulo: Globo, 2008.

FANON, Franz. **Pele negra, máscaras brancas**. Salvador: EDUFBA, 2008.

GAHYVA, Helga. Tocqueville e Gobineau no mundo dos iguais. **Revista de Ciências Sociais**, Rio de Janeiro, v. 49, n. 3, 2006a, p. 553-582.

GAHYVA, Helga. **Brasil, o país do futuro**: uma aposta de Arthur de Gobineau, 2006b.

GAHYVA, Helga. **O inimigo do século**: um estudo sobre Arthur de Gobineau (1816 – 1882). 2006. Tese (Doutorado em Ciências Humanas: sociologia) – IUPERJ, Rio de Janeiro, 2006c.

GAHYVA, Helga. **O inimigo do século**: um estudo sobre Arthur de Gobineau (1816 – 1882). Rio de Janeiro: Mauad X, FAPERJ, 2012.

GOBINEAU, Arthur de. **Essai sur l'inégalité des races humaines**. Vol. 1. Paris: A. Hennuyer, 1853.

GOBINEAU, Arthur de. **Essai sur l'inégalité des races humaines**. Vol. 2. Paris: A. Hennuyer, 1855.

GOBINEAU, Arthur de. L'Émigration au Brésil: l'Empire du Brésil à l'Exposition Universelle de Vienne. Le Correspondant, 1873. *In*: READERS, Georges. **O inimigo cordial do Brasil**. Rio de Janeiro: Paz e Terra, 1988.

HOLANDA, Sergio Buarque de. **Raízes do Brasil**. 26. ed. São Paulo: Companhia das Letras, 1995.

KOSELLECK, Reinhart. **Estratos do tempo**: estudos sobre história. Tradução de Markus Hediger. Rio de Janeiro: Contraponto, Editora PUC-Rio, 2014.

MAIO, Marcos Chor. **Raça, Ciência e Sociedade**. Rio de Janeiro: FIOCRUZ/CCBB, 1996.

MOURA, Clovis. **Dicionário da escravidão negra no Brasil**. São Paulo: Edusp, 2013.

MUNANGA, Kabengele. **Negritude** – usos e sentidos. 2. ed. Série Princípios. São Paulo: Ática, 1988.

NEEDELL, Jeffrey D. **Belle époque tropical**: sociedade e cultura de elite no Rio de Janeiro na virada do século. São Paulo: Companhia da Letras, 1993.

POLIAKOV, Leon. **O mito ariano, ensaio sobre as fontes do racismo e dos nacionalismos.** São Paulo: Ed. Perspectiva, 1974.

RAEDERS, Georges. **D. Pedro e o Conde de Gobineau**: correspondências inéditas. São Paulo: Brasiliana, 1938.

RAEDERS, Georges. **O inimigo cordial do Brasil**. Rio de Janeiro: Paz e Terra, 1988.

RAEDERS, Georges. **O Conde de Gobineau no Brasil**. Rio de Janeiro: Paz e Terra, 1996.

RAYMOND, Jean-François de. **Arthur de Gobineau et le Bresil Grenoble**: Presse Universitaires de Grenoble, 1990.

SALIBA, Elias Thomé. **As utopias românticas**. São Paulo: Brasiliense, 1991.

SCHNEIDER, Alberto Luiz. **Capítulos da História Intelectual**: racismos, identidades e alteridades na reflexão sobre o Brasil. 1. ed. São Paulo: Alameda, 2019

SCHNEIDER, Alberto Luiz. O Brasil de Sílvio Romero: uma leitura da população brasileira no final do século XIX. **Projeto História**, São Paulo, n. 42, jun. 2011

SCHNEIDER, Alberto Luiz. **Silvio Romero Hermeneuta do Brasil**. São Paulo: Annablume, 2005.

SCHWARCZ, Lilia Moritz. **O Espetáculo das Raças**: cientistas, instituições e questão racial no Brasil – 1870-1930. São Paulo: Companhia das Letras, 1993.

SCHWARCZ, Lilia Moritz. **As Barbas do Imperador.** D. Pedro II, um monarca nos trópicos. São Paulo: Cia das Letras, 1998.

SEYFERTH, Giralda. Construindo a nação: hierarquias raciais e o papel do racismo na política de imigração e colonização. *In*: MAIO, Marcho Chor; SANTOS, Ricardo Ventura (org.). **Raça, Ciência e Sociedade.** Rio de Janeiro: Fiocruz, 1996.

SEYFERTH, Giralda. **Muito além da imigração.** Rio de Janeiro: Oikos, 2019.

SKIDMORE, Thomas E. **Preto no branco:** raça e nacionalidade no pensamento brasileiro. São Paulo: Companhia das Letras, 2012.

SUSSMAN, Robert Wald. **The myth of race:** the troubling persistence of an unscientific idea. Cambridge: Harvard University Press, 2020.

TELLES, Edward. **Racismo à brasileira:** uma nova perspectiva sociologia. Rio de Janeiro: Relume-Dumará, 2003.

WASSERMAN, Claudia. **História Intelectual:** origem e abordagens. Tempos históricos: volume 19, 2015.

A ECONOMIA QUE VEM DOS FUNDOS: TRABALHO, SOCIABILIDADE E SOBREVIVÊNCIA NOS QUINTAIS POPULARES DE SÃO PAULO

Amilcar Torrão Filho
Bianca Melzi Lucchesi

A São Paulo de fins do século XIX costuma ser lembrada por seu status promissor em relação à economia brasileira: o sucesso do café, o aumento populacional e uma série de transformações urbanas para lhe conferir o certificado de tal fama. Em meio à efervescência da capital paulista no referido período, destacamos aqui o papel de lugares e sujeitos escondidos – ou invisibilizados – no percurso da História. Nos quintais das habitações de várzea ou dos cortiços centrais, ex-escravizados e imigrantes pobres compõem a parcela de trabalhadores autônomos, como vendedores ambulantes e lavadeiras que, a partir das possibilidades criadas em seu próprio lar, constroem sua sobrevivência.

O quintal separa os lugares de residência e produção dentro da moradia em função, principalmente, da presença de elementos representativos da esfera urbana e rural que o compõe (Tourinho; Silva, 2016, p. 635). Historicamente, os quintais foram ligados às atividades de uma sociedade agrícola que, transladada para o meio urbano, reproduziu ali práticas rurais referentes, principalmente, à alimentação. Até a metade do século XX, era muito comum nos quintais a criação de animais com intuito de contemplar as refeições. Não só animais, mas também frutas, verduras e tubérculos eram cultivados nos quintais paulistanos, dando um teor caipira à metrópole (Rodrigues, 2011, p. 186). Assim, os quintais se apresentam como lugar onde se pode pensar a relação sociedade-natureza dentro do espaço urbano, ainda que a própria historiografia referente à cidade por vezes não contemple esse universo rural que abasteceu e movimentou a cidade até o início do século XX.

O quintal e seus recursos compõem o contexto social e cultural de quem o habita. Seus instrumentos permitem a vivência familiar, alimentar, educativa, econômica, medicinal e de trabalho dos moradores. Nesse sentido, os jardins, pomares e criações estabelecidos no quintal não pertencem à superficialidade do universo estético. Em seu relato de viagem ao Brasil, Saint-Hilaire expõe sua expectativa em encontrar jardins e a decepção com a falta de ordem e simetria dos quintais domésticos. A flora está presente nos quintais, mas não de forma ordenada. Essa é uma visão desarticulada do quintal enquanto espaço de produção, marcado por uma "racionalidade cotidiana utilitarista" (Meneses, 2015, p. 77) e não apenas estética. Considerando a realidade social e de trabalho dos habitantes de quintais populares em São Paulo, podemos dizer que torná-lo um espaço útil é uma de suas marcas mais significativas. Os quintais possibilitam a manutenção da casa, a sobrevivência de seus moradores e a relação social e econômica com o espaço público da rua. Enquanto parte da experiência habitável, os quintais são lugar da ação humana cotidiana e da harmonia entre seus membros e suas funções de trabalho, aprendizado e resistência.

Do quintal para as ruas

A sociedade urbana tecia-se no ritmo dos homens em suas ocupações de trabalho, mostrando a existência de um tempo útil que, sem ser enxergado, consegue disciplinar todas as atividades urbanas. Não só o horário do bonde e o apito da fábrica são exemplos da disciplinarização da atividade urbana na virada do século XX, eles fazem parte de um conjunto de marcos que ordenam a multidão que vive, trabalha, estuda, caminha e pousa na cidade. Disciplinar a atividade urbana é uma ideia intimamente ligada à disciplinarização dos corpos na urbe, de modo que classificar e organizar a multidão citadina é tão indispensável ao desenvolvimento da cidade e da nação quanto a própria multidão o é para o funcionamento das fábricas e o consequente avanço da capital.

Ao tratar da permanência rural no espaço metropolitano paulista e a maneira como os quintais influenciam nesse processo, não se pode desconsiderar as estratégias populares de abastecimento alimentício.

No final do século XIX, a comercialização de gêneros alimentícios dos pequenos sítios ficou a cargo, principalmente, de imigrantes italianas e portuguesas que alugavam quartos de molhados na cidade ou chegavam com suas carroças abastecidas de uva, leite, manteiga, lenha e carvão.

Sua presença remodelou o espaço urbano destinado ao abastecimento e à sobrevivência vinculados à atividade comercial das camadas populares[18]. Nessa remodelação, as casinhas e carroças faziam-se mais presentes, enquanto as mulheres carregando cestos e exibindo pequena quantidade de mercadoria sobre seus lenços, passaram a utilizar os limites do perímetro urbano para exercerem seu ganha-pão longe dos fiscais. Não obstante, a chegada das carroças de grande porte, e a multiplicação de casinhas de quitanda, não significou que o comércio ambulante proveniente do excedente de quintais de várzea tivesse cessado nas ruas centrais.

O processo de imigração que ocorre na cidade de São Paulo no final do século XIX e início do XX aumentou o número de trabalhadores ligados à atividade ambulante. O Brás, por exemplo, é povoado nesse período principalmente por italianos, depois chegam os espanhóis. Boa parte desses imigrantes ibéricos exerce funções autônomas, como "cigarreiros, funileiros, remendões, sorveteiros, vendedores de brinquedos, de frutas, além de compradores e revendedores de garrafas, chumbo, metal e cobre. E com isso muitos deles fizeram fortuna" (Penteado, 2003, p. 45). As lavouras de café tampouco puderam absorver toda mão de oba imigrante que aportava em Santos, de modo que o comércio ambulante na capital se tornou alternativa de sobrevivência aos imigrantes, que trouxeram às ruas paulistanas produtos alimentícios diferenciados, como pizza, tremoço e massas em geral. Desse modo, esses imigrantes não só inovaram a classe de gêneros alimentícios comercializados como transformaram hábitos e culturas dos moradores da capital (Camargo, 2013, p. 94).

Até a metade do século XIX, o acesso à produção quintaleira era fácil. Muitos terrenos de mato ainda não tinham sido incorporados pela urbanização, as chácaras eram mal fechadas, com muros de taipa, e ainda havia quintais abandonados (Dias, 1995, p. 242). O comércio da produção quintaleira era feito livremente, a exemplo das vendeiras de peixes das regiões de várzea:

> Até o ano de 1867, data em que foi inaugurado o Mercado da Rua 25 de Março, as vendeiras de peixe, que residiam

---

[18] Quanto à estruturação da pobreza e ao desemprego que se encaminhava desde o período colonial, não se notam rupturas: poucas mulheres negras foram absorvidas pela urbanização e industrialização da cidade senão de modo informal. Sua mão de obra não era aceita nas fábricas e empreendimentos comerciais do centro. Assim, no correr da segunda metade do XIX "surgiram novos bairros de mulheres pobres, nos limites de retaguarda do espaço urbano, no Brás, Belenzinho, Bom Retiro, Cambuci... onde recomeçaram sua faina de sobrevivência, à margem do poder e ausentes da história." (Dias, 1995, p. 244).

> no bairro do Pari em outros lugares próximos desta cidade, vestidas de saias curtas e cobertas com um pequeno xale ou uma baeta azul, descalças, postavam-se, para vender as cambadas de peixes e outras coisas que traziam na calçada da Igreja da Ordem Terceira do Carmo, do lado da rua do mesmo nome [...] (Martins, 2003, p. 120).

Já na segunda metade do século, a modernização da cidade fez aumentar a demanda de pontos estratégicos na cidade para estabelecimento de quitandas, assim como os impostos cobrados por tal prática. O memorialista Antonio Egydio Martins mostra o percurso da venda ambulante estipulado pela modernidade urbana:

> Julgando inconveniente e incômodo ao trânsito público o uso estabelecido pelas quitandeiras e carroças que vendiam quitanda de estacionarem à Rua do Palácio, hoje do Tesouro [...] e do Comércio, hoje Álvares Penteado, a Câmara Municipal, da qual era presidente Antonio da Silva Prado, deliberou, [...] que as mesmas quitandeiras de hortaliças fossem vender os seus gêneros na Praça do Mercado ou no Largo do Colégio [...] (Martins, 2003, p. 296).

Concomitantemente, avançava a prevenção burguesa contra o comércio ambulante das mulheres mestiças e negras. O movimento enfraqueceu o trabalho dessas mulheres, mas não as parou e muito menos calou. Em 1873, quatro mulheres representantes das quitandeiras forras – Paula de Jordão, Antônia Maria das Dores, Maria da Conceição e Anna Maria da Silva – encaminharam à Câmara, por intermédio de Luís Gama, uma petição reclamando da proibição de comercializarem em frente às casinhas e ao Palácio do Governo, onde sempre estiveram a vender sua mercadoria. As Posturas Municipais que minaram o comércio ambulante das mulheres negras tiraram seu sustento oficial, já que suas possibilidades de alugar quartos ou corredores nas casas para montarem sua quitanda eram quase nulas. Em 1876 as quitandeiras imigrantes também dirigiram um documento à Câmara reclamando do impedimento do comércio ambulantes e conseguiram, assim, uma licença para exercer suas vendas em frente à Praça do Mercado. A maioria das mulheres que viviam de suas vendas na cidade comerciava excedentes caseiros, como sabão, velas, farinha e toucinho. As operações eram pouco lucrativas, sendo seus produtos muitas vezes trocados por sal, aguardente ou fumo ao invés de dinheiro. Comércio e consumo faziam-se pelas mãos dessas mulheres que batiam de porta em porta. As mulheres que tinham seu próprio sítio evitavam declará-lo aos recenseadores para fugir do imposto abusivo e alegavam ser sua plantação somente para consumo próprio (Dias, 1995, p. 236).

Os conflitos em torno da venda ambulante de produtos quintaleiros mantiveram-se na virada para o século XX. As pequenas carroças ou cestas em que essa produção era comercializada, assim como os comerciantes que as conduziam, não ornavam com a imagem progressista e salubre que a elite e o poder público paulistano aspiravam consolidar. Elas iam na contramão do projeto de remodelação do Mercado da 25 de Março, proposto pelo prefeito Antonio Prado (1899-1910). A reforma acontecia tempos depois de constatada a insuficiência desse mercado por uma comissão de inspeção sanitária, no ano de 1893. Além da inconveniência sanitária e do pouco espaço destinado a abrigar os gêneros alimentícios, o Mercado localizado às margens do Tamanduateí estava também onerando o orçamento público com sua precariedade, segundo o próprio Antonio Prado. Junto ao Mercado da 25 de Março, o Mercado da São João, o Mercado do Largo Riachuelo e o Matadouro Municipal da Vila Mariana, formavam o grande centro de abastecimento de São Paulo. A intenção da municipalidade com essa rede era substituir as vendas precárias de alimentos exercidas por ambulantes nas ruas centrais da cidade, nas escadarias da Igreja da Misericórdia e da Igreja do Carmo e também na Rua das Casinhas (Bresciani, 1996, p. 10). Apesar do esforço em eliminar a informalidade do comércio alimentício, os mercados e o matadouro não eliminaram a presença de vendedores ambulantes nas ruas de São Paulo, o que muito colabora para a reflexão acerca da origem dos alimentos comercializados, afinal os frangos carregados a tiracolo e oferecidos de porta em porta não vinham do matadouro. A pequena produção oferecida nos cestos ou nos carrinhos vinha dos quintais. Não faziam parte da rede grandiosa de abastecimento público, mas abasteceram muitas mesas paulistanas até as primeiras décadas do século XX. Assim, fora do mercado, verdureiras e floristas complementavam a renda familiar com o excedente de seus quintais, tornando a rua uma vitrine móvel de frutas, flores, hortaliças e legumes.

Apesar dos limites e taxações criados, o mercado ambulante perdurou por muito tempo nas praças e também nas portas das casas de classe média cujas famílias ainda foram alimentadas por muito tempo com a produção dos quintais populares. O quintal era parte do espaço onde se desenvolve a vida econômica dos trabalhadores eventuais da cidade de São Paulo, sendo local de cultivo de hortaliças para venda, abrigando tachos de lavagem de roupa, fogareiro, tabuleiro e utensílios de cozinha destinados à produção das quituteiras. Memorialistas sinalizam a função do quintal como meio produtivo e os atores que levam essa produção pelas ruas da cidade como via de seu sustento. Para a família de Penteado, o abastecimento não era um problema. O leite, por exemplo, era deixado em cima do muro pelos vizinhos, leite tirado na hora ainda quente. O quintal das casas ou chalés, como nomeado nas memórias, era aproveitado não só para o cultivo de pomares e hortas, mas também para a criação de animais com o mesmo objetivo de abastecimento alimentar. O memorialista recorda ainda os verdureiros das chácaras vizinhas ao Belenzinho, 4.ª ou 5.ª Parada, que traziam seus produtos para venda nas residências, custando um tostão o maço. Marmelada também era vendida a granel de porta em porta a 500 réis. Os tripeiros apareciam de carrocinha ofertando fígado, coração, miolos, mocotó, rins etc. Além do comércio de porta em porta, as memórias de Penteado resgatam um meio ainda mais informal de conseguir dinheiro por meio do quintal: o autor lembra em seu livro que pela quantia de 200 réis, os vizinhos lhe permitiam entrar em seus quintais e subir nas árvores frutíferas para comer ilimitadamente (Penteado, 2003, p. 89).

Analisar a diversidade de meios de transporte exercida pelo comércio ambulante é um meio de diferenciar a produção quintaleira na cidade. Os gêneros carregados em cestos ao invés de grandes carroças evidenciam uma quantidade menor no montante da produção. Também a estrutura precária do transporte é um indício de que o alimento não seria proveniente do cultivo em grandes fazendas, podendo ser, portanto, originário de quintais populares[19]. A proximidade entre os vendedores de rua e os fregueses promovia a circulação de valores culturais e comportamentais da população residente em São Paulo. Não só o momento da exposição e oferta na rua permitia o enraizamento da cultura popular, mas também o preparo antecedente dessa produção, que agregava muitas vezes familiares e vizinhos no fabrico dos quitutes, cachaças, artesanatos. A família ou a comunidade toda se envolvia, formando laços de sociabilidade e traços culturais para a posteridade, dada a participação das crianças também na

---

[19] Não obstante, os paulistanos residentes em pequenas chácaras ou "sitiocas" que praticavam o comércio de porta em porta poderiam eventualmente transportar seus volumes em carroças de tração animal, conforme o aumento de sua demanda: "A freguesia cresceu tanto que eles [os leiteiros] tiveram de fazer o serviço em carrocinhas, puxadas por animais. Os burros, lembrando-se das saudosas vacas, também traziam cincerro ao pescoço, para anunciar a sua passagem." (Shmidt, 1954, p. 80).

entrega de mercadorias. Desse modo, os gêneros alimentícios, medicinais ou artesanais que muitas vezes eram cultivados ou produzidos coletivamente nos quintais das casas eram mais do que um meio de sobrevivência econômica, eram também uma forma de sobrevivência cultural (Ferreira, 2008, p. 146). Antonio Egydio Martins traz em suas memórias de 1870 uma vendedora de produto capilar feito de forma artesanal, cuja matéria-prima e instrumentos utilizados no preparo indicam ser seu quintal, na Rua Quintino Bocaiúva, o ambiente de produção:

> [...] *Sinhá Teresa Paneleira*, costumava, em certos dias da semana, fazer banha para cabelo, derretendo, para isso, no fogo, uma ou duas libras de banha de porco e pondo, na mesma, depois de coada em um pano branco bem limpo, óleo de lima; vendendo, quando já estava bem seca, em pequenas porções embrulhadas em pedaços de papel branco, a vinte réis cada porção da mesma cheirosa banha, que era, por ser a melhor que se fazia em São Paulo, muito procurada pelas senhoras idosas e moças, que com grande satisfação, punham nos seus cabelos, ficando estes bastantes lustrosos e desprendendo um aroma delicioso (Martins, 2003, p. 176).

Esse valor social que se origina no quintal ultrapassa os muros da habitação e ocupa os espaços da cidade, interage com sujeitos de outras camadas sociais e, assim, ainda que à margem do plano identitário da capital, se enraíza nas ruas e na memória de São Paulo. Nesse sentido, o quintal se assemelha ao espaço público destinado à atuação da população pobre paulistana: viabiliza o sustento, o lazer e renova as tradições populares indesejadas para a metrópole. Afonso Shmidt narra em suas memórias um outro episódio envolvendo o quintal como palco dessa dinâmica que vincula trabalho e tradição. Trata-se do quintal de uma venda situada na Rua Direita, no qual os donos acolhiam meninas rejeitadas a pedido do juiz de órfãs: "Os fundos da venda chegavam quase no Largo do Ouvidor. Lá dentro, no alpendre, no quintal, a mulher do Pimenta vivia rodeada de meninas e moças. Dava ordens, ensinava, corrigia e nunca pecava por falta de bom humor." (Schmidt, 1954, p. 156). O mesmo memorialista relata também o comércio de gêneros alimentícios caseiros promovido nas residências humildes da Rua do Rosário dos Homens Pretos:

> Quase todas essas casinhas vendiam Quitandas [...]. Nelas, as paulistanas da época, de baeta e mantilha, encontravam doces, geleias, frutas, hortaliças, batata doce, mandioca,

> pinhão cozido, pamonha de milho verde, moqueca de piquira e cuscuz de camarão do Anhangabaú (Schmidt, 1954, p. 132).

As frutas, hortaliças e os doces eram ofertados em tabuleiros em frente às casas "de porta e janela", juntamente a gaiolas de passarinhos.

A produção quintaleira é versátil não só porque o produtor pode transformar seu alimento em mercadoria quando lhe for necessário, mas porque, por ser oferecida em pequena quantidade e sem frequência estabelecida, foge à taxação sobre o produto comercializado. O viajante Saint-Hilaire ao descrever a várzea do Carmo como ponto de encontro entre lavadeiras e vendedeiras aponta que, ali, as mulheres roceiras levavam seu excedente para venda e recusavam-se a pagar o fisco, alegando portarem gêneros de subsistência (Dias, 1995, p. 25).

Para fora do Triângulo, há uma realidade social que sustenta a cidade, mas que é indesejável à sua imagem: os habitantes dos cortiços e das várzeas que circundam o centro fornecem alimento e roupa limpa para a cidade, mas sua informalidade, sua insalubridade e muitas vezes seus vícios e maneira promíscua de morar devem ser apartados da paisagem e da identidade paulistana.

Trabalhadoras dos quintais

Para contextualizar tensões sociais cotidianas é preciso reconstruir a organização de sobrevivência de grupos marginalizados. A pobreza que crescia junto à cidade excluiu do trabalho assalariado mulheres pobres, sobretudo negras, que eram sós, eram chefes de famílias, eram provedoras de seu lar por meio do trabalho temporário. De acordo com Maria Odila Dias, para estudar a integração desse grupo à sociedade paulistana, deve-se olhar mais para as formas sociais provisórias do que para a participação efetiva no processo produtivo que se faz na cidade (Dias, 1995, p. 15). Nesse sentido, os quintais coletivos e improvisados da cidade nos dão acesso a indícios de como essa inserção era feita mediante os instrumentos de trabalho e subsistência presentes nesse espaço, além da divisão social do trabalho que a análise do quintal permite problematizar.

Os quintais coletivos que abrigavam vassouras, panos, bacias de metal, varal, taquara, muitas crianças e poucas mulheres, refletem uma realidade social em que parte das mulheres precisa ausentar-se da casa, sendo normalmente lavadeiras, quituteiras, vendedoras ambulantes ou mesmo operárias – com maior chance de exercerem esta última função as mulheres brancas. Dada a informalidade das atividades econômicas exercidas pela população do cortiço, essa tarefa poderia acontecer num esquema de revezamento entre as mulheres. A configuração coletiva do quintal permite que mesmo as mulheres que permanecem em casa para cuidar das crianças não abandonem seu trabalho, seja com a manutenção da casa ou lavando roupa "pra fora". Reconstruir os papéis sociais femininos por meio das entrelinhas documentais possibilita a integração da mulher à globalidade do processo histórico e desmistifica estereótipos (Dias, 1995, p. 12). Nesse caso, perceber e problematizar as mulheres no quintal e as tarefas que ali desempenham, bem como a rede de sociabilidade que ali estabelecem, é uma forma de integrá-las não só à dinâmica do lar, mas à construção social urbana da cidade.

Exiladas do que era socialmente valorizado na economia paulistana, muitas mulheres sobreviveram à pobreza por meio dos desdobramentos do trabalho doméstico, sendo lavadeiras ou vendedoras ambulantes. A organização de seu trabalho dependia de uma rede de solidariedade que incluía família e vizinhos e que muitas vezes se dava no quintal. Nesse sentido, o quintal não é só o espaço que permite a sobrevivência e inserção da mulher pobre na sociedade paulistana por abrigar a cultura material necessária ao seu sustento, mas por viabilizar ações coletivas de trabalho, alimentação e cuidado com os filhos. Tanto a cultura material quanto a experiência de solidariedade são cultivadas, improvisadas e modificadas no quintal conforme as necessidades das mulheres marginalizadas e a demanda citadina à qual elas estão vinculadas.

Em situações que um grupo domina um espaço multiétnico, as normas de planejamento podem se tornar instrumento de controle ou destruição de minorias ali estabelecidas. É o caso dos imigrantes europeus e dos afrodescendentes nos cortiços de São Paulo. Apesar da vantagem cronológica apresentada pelos negros brasileiros no território, a política trabalhista e moral de embranquecimento permitiu que a experiência coletiva disseminasse rapidamente os costumes europeus (Rolnik, 2015, p. 187). Nota-se esse processo não apenas nas vagas de operários nas fábricas e vilas residenciais ocupadas primordialmente por imigrantes, mas de forma mais simples e extremamente enraizada, nos legumes e verduras da culinária italiana, por exemplo, cultivados no quintal e distribuídos pelas ruas e mesas da cidade. Em contrapartida, também os espaços religiosos de matriz africana foram incorporados pelos europeus.

Nos quintais de cortiço, é recorrente a atuação de lavadeiras, especialmente entre as mulheres negras, marginalizadas das ocupações regulares ofertadas na cidade. Para essas trabalhadoras, tão importante quanto o quintal ou os barris de madeira era a possibilidade de obtenção de água. O contexto modernizador da década de 1870, representado pelo início da iluminação a gás, o funcionamento da primeira linha de bonde com tração animal e a abertura de cafés de luxo na atual 15 de Novembro, promoveu a ilusória impressão de que a água também seria definitivamente domesticada e distribuída por meio de soluções técnicas e científicas que o período demonstrava existir (Sant'Anna, 2004, p. 62). Em 1889, 66% dos prédios da capital eram servidos por rede de esgoto. Esse número caiu para 48% em 1894. O desenvolvimento da rede não trilhava uma curva ascendente, de modo que muitas residências ainda precisavam usufruir de fossas fixas no fundo dos quintais e recorrer a água de poço ou rio, por mais que tais medidas estivessem em desacordo com preceitos normativos de higiene (Sant'Anna, 2004, p. 154). O uso frequente de baldes para recolher água nos rios e chafarizes era parte da cena cotidiana feminina em São Paulo. Durante todo o século XIX, mulheres pobres e escravizadas percorreram o caminho entre o chafariz ou rio e seu quintal com pesados baldes de água na cabeça. Além de definir sujeitos e sua postura pela cidade, a captação manual da água por meio de baldes, barris, filtros de água, cuias, potes, evidencia a riqueza da cultura material existente no passado utilizada para captação, transporte e armazenamento da água (Sant'Anna, 2004, p. 166). Tais costumes e instrumentos oferecem indícios da vida cotidiana na cidade que, nesse caso, abarca a atuação da lavadeira, da cozinheira, de mães de família cujos lares e quintais desproveem de fonte de água encanada ou via poço artesiano.

Ao estudar a cultura material presente na moradia, Vânia Carvalho conseguiu traçar a história e o papel social das mulheres ali presentes. A autora define a identidade da mulher na casa como "centrífuga", pois os atributos de sua personalidade e seu corpo interagem com os atributos dos objetos domésticos (Carvalho, 2017, p. 254). No caso da cultura material quintaleira, essa interação é extremamente dinâmica e pesada, dada a grandeza dos instrumentos domésticos existentes no quintal e o uso trabalhoso que se faz deles – lembrando que o quintal é o lugar destinado às tarefas pesadas de limpeza da casa, roupas, alimentos. É essa interação que permite o sustento da casa e seus habitantes em diversas esferas: econômica, alimentícia, no cuidar das crianças etc.

Assim, o quintal, que é também lugar de lazer e descanso, é para a mulher lugar de trabalho. Não obstante, essas duas funções – lazer e trabalho – ocorrem de forma simultânea no quintal entre os diferentes habitantes da casa: enquanto as crianças dão asas à imaginação no chão do quintal, as mulheres que as observam estendem roupas no varal.

Mulheres pobres na cidade de São Paulo, imigrantes ou não, deram continuidade à estratégia de comercializar seu trabalho doméstico como meio de sustentar a família. Elas eram chefes provedoras de seus dependentes, lidavam com a fome e as necessidades diárias, ao mesmo tempo que exerciam a sociabilidade da vizinhança prescrita pelos costumes e que tornara-se o segredo de sua sobrevivência (Dias, 1995, p. 241)[20]. Para essas mulheres, a moradia, com destaque para os quintais, é também espaço de "prestação de serviços", a troco de vinténs (Tupy, 2007, p. 205). Entre as tarefas exercidas com esse propósito, destacam-se lavar, passar, costurar e cozinhar.

Os espaços urbanos ocupados pela mulher são conquistados e não prescritos, contrariam o padrão cultural mitificado em torno do papel feminino enraizado na sociedade. Assim, a informalidade com que mulheres pobres sustentaram suas famílias na virada do século XX, solidarizando-se nos quintais e protagonizando sua sobrevivência nas ruas da cidade, é o que as torna sujeitos de sua história (Sant'Anna, 2004, p. 51).

A presença feminina marcante e absoluta faz do quintal um espaço da mulher, principalmente no que diz respeito ao seu trabalho. O fato de essas mulheres estarem à margem das instituições econômicas e políticas formais da cidade não as impedia de organizar sua própria estrutura familiar e de sobrevivência, estabelecendo suas próprias relações comunitárias e atuando de forma autônoma no mercado.

As múltiplas possibilidades econômicas dos quintais

Outra prática envolvendo o quintal que se convertia em fonte de renda era a construção de "quartinhos" para aluguel. Como as iniciativas oficiais ligadas à habitação não forneciam alternativa suficiente e coerente para a população pobre, os arranjos informais ganharam espaço enquanto possibilidade de moradia. Apesar de rentável ao dono da propriedade,

---

[20] Ainda durante a escravidão, alguns poucos pomares garantiam às mulheres pobres não só o sustento, mas também uma sociabilização distante e tolerada conforme os laços sociais que a escravidão fomentava.

construir cômodos no quintal ou transformar um barracão nos fundos da casa em moradia para sublocação poderia configurar encortiçamento e, assim, desobedecer a normas técnicas e de higiene mínimas estipuladas para a moradia sanitária. Leis e debates que permeiam a questão são encontrados nas atas da Câmara de São Paulo e no Grupo referente a Obras Particulares.

Um requerimento, datado de 29/10/1910, solicita o aumento da cozinha na propriedade de Vicente Rocco, situada à Rua Anhaia, n.º 29. O documento apresenta parecer desfavorável ao solicitante, acompanhado da justificativa do engenheiro responsável pelo laudo. Este informa que a casa "está servindo de moradia para mais de uma família" e alega que o aumento "é um novo meio de conseguir a transformação de casa de habitação comum em outras de habitação collectiva." (Arquivo Histórico Municipal de São Paulo, v. I).

Num outro caso, levado à Câmara em 1913, um munícipe solicita autorização para a edificação de uma casinha nos fundos de seu quintal para usufruto de Ignácia Domingues, sua mãe. A câmara solicita ao fiscal do distrito de Santo Amaro que faça uma vistoria para garantir que tal pedido esteja em conformidade com as Posturas que evitam a formação de cortiços na cidade.

A prática de sublocação remete à construção improvisada por adaptação de cômodos independentes ou "puxadinhos" sem complexidade, muitos feitos com tábuas de madeira, e que serviam para aumentar a renda mensal de um pequeno proprietário. Donos de pequenas chácaras, com criações de cabra ou gado de leite, dedicavam parte de sua área externa para a construção enfileirada de cubículos para locação ou dormitório de trabalhadores do recinto. Estes seriam, segundo Lemos, como cortiços "rurais", por situarem-se à margem da malha urbana. A habitações coletivas situadas no chamado "alto do Pari" são exemplo desse tipo de moradia, que se edificou a não mais que 15 metros acima da margem do Tietê. Hoje sabemos que existiram cortiços inteiros construídos por empresários em terrenos próximos às fábricas, como no bairro do Brás, de modo que a subjugação da população pobre a esse tipo de moradia se transformava em lucro ainda maior para o empreendedorismo habitacional (Lemos, 1989, p. 62-63).

A existência de armazéns ou oficinas edificadas no quintal também demonstra um aproveitamento econômico do espaço e insere o quintal no cotidiano da população paulistana, intermediando serviços e formas de obtenção de renda. As profissões destinadas ao serviço da população eram crescentes na medida em que o número de pessoas também aumentava na cidade. Entre os anos de 1880 e 1900 houve um grande crescimento populacional na cidade de São Paulo, que intensificou o setor de serviços com oficinas, armazéns, pequenas indústrias de fundo de quintal e as já citadas grandes indústrias[21].

Além de armazéns ou oficinas, havia a prática de instalação de máquinas no quintal doméstico que auxiliassem na manufatura. O procedimento precisava de autorização da Câmara e, de acordo com o registro a seguir, era algo habitual:

> A commissão de industria e commercio tendo examinado o requerimento de Emygdio Falchi & Irmão no qual pedem licença para assentar uma machina. a vapor na sua fabrica de amêndoas cobertas, sita a rua do Imperador n. 32, e considerando que a camara já tem concedido a diversas pessoas permissão para assentamento de eguaes machinas, tanto em fabricas como em typographias, e obrigando-se o peticionario a assentar a machina no quintal de sua casa e isolada de predios, é de parecer que seja o mesmo requerimento deferido[22].

As "casas-corredores", termo utilizado para se referir às habitações de planta longitudinal, eram propriedades profundas, com cômodos comumente encarreirados e pouco ou nenhum espaço lateral para passagem e entrada de luz e ar pelas janelas (Gennari, 2005, p. 287). O formato era propício para a construção de barracões, oficinas ou "puxadinhos" nos fundos do lote, tornando o quintal um espaço ainda mais versátil e de utilidade econômica.

Brás e Bom Retiro eram bairros de grande densidade populacional, devido à concentração de fábricas ali estabelecidas. A existência de quintais com aproveitamento rentável nessa região pode ser explicada justamente pela grande quantidade de moradores, não só devido à demanda de ser-

---

[21] De acordo com Eva Blay, prestam atividades profissionais na capital paulista na década de 1880 69 advogados, 45 guarda-livros, 33 empreiteiros, 10 engenheiros, 4 mestres "arquitetos", 32 médicos-cirurgiões, 29 cabeleireiros e barbeiros, além de muitos e não quantificados profissionais liberais como professores e músicos. Os dados mostram que a emergente burguesia urbana é relativamente reduzida se confrontada com o operário já presente na cidade, considerando, para além daqueles empregados nas fábricas, os que têm ou trabalham em pequenas iniciativas quintaleiras (Blay, 1985. p. 48).

[22] Centro de Memória CMSP. Atas da Câmara Municipal de São Paulo. Pareceres de Comissões, 10/04/1888, p. 114.

viços e mercado consumidor, mas também pela oportunidade de exercer uma atividade econômica dentro da própria residência para aqueles que não conseguissem formalizar um emprego nas fábricas. A disposição dos terrenos, possuindo os fundos em grande proporção e com fácil acesso à água, fornece grande potencial para a construção de habitações coletivas e/ou edificações ligadas ao trabalho que sustenta as famílias da própria moradia, como oficinas ou armazéns. O contexto pós-Primeira Guerra leva ao aumento do número dessas oficinas e indústrias de fundo de quintal, visto a dificuldade de importação de produtos manufaturados. Esses quintais produtivos ofereciam à população "ornamentos em cerâmica e cimento, entalhados em mármore ou mesmo produzidos com materiais artificiais, que imitavam pedras, até portões de ferro batido, janelas e demais elementos de construção" (Anaya, 2019, p. 137). Assim, não só os elementos naturais do quintal fazem dele um ambiente produtivo ou rentável. Os quintais urbanos são espaços capazes de se adaptar às necessidades econômicas de determinada camada social, seja facilitando o sustento de quem o ocupa ou oferecendo sua produção à demanda local.

No bairro do Bixiga, a moradia era lugar da habitação, trabalho e lazer. Muitas delas tinham o cômodo da frente destinado a abrigar serviços rentáveis para a família moradora, como um armazém. Outras, por possuírem os fundos espaçosos e a proximidade aos cursos d'água, eram aproveitadas pelas lavadeiras. O quintal também foi aproveitado para instalação de fábricas de macarrão, cocheiras, depósitos, instalação de fornos, enfim, uma gama de possibilidades para o desenvolvimento da manufatura culinária disseminada entre os imigrantes italianos (Lanna, 2017, p. 123).

A ocupação do quintal em movimento contrário também acontecia. A *Comissão de exame e inspecção das habitações operárias e cortiços de Santa Ephigênia*, em relatório publicado no ano de 1893, denuncia o mau estado de cômodos de aluguel construídos "nos fundos" de estabelecimentos como oficinas, armazéns e cocheiras, normalmente destinados aos trabalhadores desses locais. Sobre tal improviso gerador de lucro, a Comissão considera que

> [...] é esse um abuso que cumpre fazer cessar de uma vez [...] nos fundos dos depósitos de madeira e outros materiais de construção, nos terrenos com oficina de canteiro, nas cocheiras e estábulos, os cortiços improvisados, feitos de

taboa e alguns cobertos de zinco são dos piores que temos examinado, carecendo todos da mais severa fiscalização, e a mór parte deles em taes condições de habitabilidade que devem ser demolidos (Relatório da Commissão, 1893, p. 47).

A interação entre a casa e o trabalho, com destaque para a forma como essa dinâmica acontece nos quintais com os quartinhos de aluguel, as hortas e criação de animais, os taxo e varais das lavadeiras, os fogareiros utilizados pelas quituteiras, nos leva a uma compreensão múltipla da habitação mediada pelos quintais, onde as funções de refúgio, sociabilidade e produção coexistem para suprir as necessidades de conforto e sobrevivência dos moradores.

Os quintais paulistanos são espaços físicos moldados conforme as necessidades diversas de seus moradores, mas também atuantes nas formas como esses indivíduos sobrevivem e influenciam na dinâmica da cidade. Assim, os quintais contribuem para a existência não só dos aspectos naturais que circulam nas ruas e abastecem seus habitantes, como propiciam a integração de trabalhadores marginalizados da demanda oficial na cidade, revelando sujeitos ativos economicamente, produtores da cultura paulistana e partícipes da construção da urbe. Tornam-se os quintais, portanto, importantes instrumentos de análise da história social que abarca os moradores de São Paulo, sobretudo a população pobre e trabalhadora que reproduz nesses espaços domésticos sua capacidade de sobrevivência.

Referências

Acervos consultados

- **Arquivo Histórico Municipal.**
- **Assembleia Legislativa do Estado de São Paulo** – Código de Posturas da Câmara
- **Centro de Memória CMSP:** Atas da Câmara (1905-1918).
- **Relatório da Commissão de exame e inspecção das habitações operárias e cortiços do distrito de Santa de Ephigenia**, 1893. Cap. III. Do typo das estalagens, cortiços ou habitações operárias entre nós.

Memorialistas

AMERICANO, Jorge. **São Paulo nesse tempo (1915-1935)**. São Paulo: Melhoramentos, 1962.

MARTINS, Antonio Egydio. **São Paulo antigo (1554-1990)**. São Paulo: Paz e Terra, 2003.

PENTEADO, Jacob. **Belenzinho, 1910:** retrato de uma época. São Paulo: Carrenho Editorial, 2003.

SHMIDT, Afonso. **São Paulo de meus amores.** São Paulo: Clube do Livro São Paulo, 1954.

Bibliografia

ANAYA, Clara Cristina. **Cenas de uma capital em expansão** – aspectos da urbanização da Vila Mariana em São Paulo (1890-1914). São Paulo: Editora Unifesp, 2019.

BLAY, Eva Alterman. **Eu não tenho onde morar** – Vilas operárias na cidade de São Paulo. São Paulo: Nobel, 1985.

BRESCIANI, Maria Stella. Sanitarismo e configuração do espaço urbano. *In*: CORDEIRO, Simone Lucena (org.). **Os cortiços de Santa Ifigênia:** sanitarismo e urbanização (1893). São Paulo: Imprensa Oficial do Estado de São Paulo / Arquivo Público do Estado de São Paulo, 2010.

CAMARGO, Isabela do Carmo. **Entre cestos e pregões:** os trabalhadores ambulantes na cidade de São Paulo 1890-1910. 2013. Dissertação (Mestrado em História Social) – PUC-SP, São Paulo, 2013.

CARVALHO, Vânia Carneiro de. As esculturas inspiradas na vida galante: um exercício de análise. *In:* LIRA, Tavares Correia de; NASCIMENTO, Flávia Brito do; RUBINO, Silvana Barbosa; SILVA, Joana Mello de Carvalho e (org.). **Domesticidade, Gênero e Cultura Material.** São Paulo: Editora da Universidade de São Paulo, 2017.

DIAS, Maria Odila Leite Silva. **Quotidiano e poder em São Paulo no século XIX.** São Paulo: Brasiliense, 1995.

FERREIRA, Carlos José. **Nem tudo era italiano** – São Paulo e pobreza (1890-1915). São Paulo: Annablume/Fapesp, 2008.

GENNARI, Luciana Alem. O lugar da casa na Belle Époque carioca. *In:* LIRA, Tavares Correia de; NASCIMENTO, Flávia Brito do; RUBINO, Silvana Barbosa; SILVA, Joana Mello de Carvalho e (org.). **Domesticidade, Gênero e Cultura Material.** São Paulo: Editora da Universidade de São Paulo, 2017.

LANNA, Ana Lucia Duarte. Bixiga, modos de morar, modos de viver. *In:* LIRA, Tavares Correia de; NASCIMENTO, Flávia Brito do; RUBINO, Silvana Barbosa; SILVA, Joana Mello de Carvalho e (org.). **Domesticidade, Gênero e Cultura Material.** São Paulo: Editora da Universidade de São Paulo, 2017.

LEMOS, Carlos Alberto Cerqueira. **Alvenaria burguesa:** breve história da arquitetura residencial de tijolos em São Paulo a partir do ciclo econômico liderado pelo café. São Paulo: Nobel, 1989.

MENESES, José Newton Coelho. Pátio cercado por árvores de espinho e outras frutas, sem ordem e sem simetria: O quintal em vilas e arraiais de Minas Gerais (séculos XVIII e XIX). *In:* **Anais [...]** Museu Paulista. 2015, v. 23, n. 2, p. 69-92.

RODRIGUES, Jaime. **Alimentação, vida material e privacidade** – Uma história social de trabalhadores em São Paulo nas décadas de 1920 a 1960. São Paulo: Alameda, 2011.

ROLNIK, Raquel. **Guerra dos lugares**: a colonização da terra e da moradia na era das finança*s*. São Paulo: Boitempo, 2015.

SANT'ANNA, Denise Bernuzzi de. **São Paulo das águas**. 2004. Tese (Livre-Docência em História) – Pontifícia Universidade Católica de São Paulo, São Paulo, 2004.

TOURINHO, Helena Lucia Zagury; SILVA, Maria Goreti Costa Arapiraca da. Quintais urbanos: funções e papeis na casa brasileira e amazônica. **Boletim do Museu Paraense Emílio Goeldi. Ciências Humanas,** v. 11, n. 3, p. 633-651, set./dez. 2016.

TUPY, Ismênia S. Silveira. As mulheres e o trabalho doméstico: dos cuidados da casa ao serviço remunerado. *In*: MARTINEZ, Paulo Henrique (org.). **História ambiental paulista:** temas, fontes, métodos. São Paulo: SENAC, 2007.

3

ENTRE O CAMPO E A FÁBRICA: EXPLORANDO AS COMPLEXAS RELAÇÕES ENTRE ESPORTE, TRABALHO E IDENTIDADE NO INÍCIO DO SÉCULO XX, ANTARCTICA FUTEBOL CLUBE

Luiz Antonio Dias
Michele Silva Joaquim

Apresentação

Neste capítulo, propomos uma análise das complexas relações entre esporte, com especial destaque para o futebol, e o mundo do trabalho. Analisamos como os times operários do início do século XX não apenas serviram como locais de sociabilidade e lazer, mas também foram palcos de dinâmicas sociais complexas, incluindo manifestações de discriminação racial.

No cerne desta discussão está o caso de Benedicto de Souza, conhecido como "Mono", cuja trajetória no time da Companhia Antarctica Paulista revela os desafios enfrentados por indivíduos negros em um contexto de segregação racial. Para embasar nossa análise, utilizamos fontes primárias do Acervo Histórico da Fundação Zerrenner. Esses documentos oferecem *insights* valiosos sobre as dinâmicas sociais, as práticas esportivas e as experiências individuais dos trabalhadores dessa época, permitindo-nos lançar luz sobre as interseções entre esporte, trabalho e identidade em um contexto histórico específico. A documentação dos trabalhadores da indústria cervejeira Companhia Antarctica Paulista na cidade de São Paulo traz para o debate um sujeito histórico negligenciado das análises quando se fala do trabalhador pós-abolição da escravatura, que é o trabalhador urbano-industrial negro. As fichas dos trabalhadores da indústria cervejeira são fontes ricas de informação e a análise de seus diversos dados pode contribuir para o entendimento da presença do trabalhador negro no meio urbano e fabril paulistano no início do século XX.

Essas fichas de contratação, como qualquer outro documento administrativo, não nasceram com a alcunha de documento histórico, a transformação do "arquivístico" é ponto de partida e a condição de uma História Nova (Certeau, 1982). O acervo da Fundação Zerrenner é fechado ao público externo, porém o decreto de 7 de abril de 2006[23] declarou de interesse público e social o acervo documental privado da Companhia Antarctica Paulista (CAP), trazendo para o debate o alcance da lei de arquivos de 1991 ao tratar de arquivos privados de interesse público, questão muito bem analisada por Talita dos Santos Molina (2018), e que ainda merece novas discussões, afinal o acesso é fundamental para novas pesquisas.

Com relação ao futebol, é importante destacar que tem, gradualmente, deixado de ser apenas um espetáculo das arquibancadas para se tornar um tema relevante nas universidades e centros de pesquisa. Desde o final do século XX, uma profusão de trabalhos acadêmicos elaborados por jornalistas, sociólogos e historiadores tem buscado dar maior visibilidade a esse elemento cultural, que desempenha um papel fundamental na construção da identidade nacional.

A constatação de Hilário Franco Jr., "No Brasil, o futebol é bastante jogado e insuficientemente pensado" (2007, p. 11), é extremamente pertinente, pois ainda persiste um certo estranhamento na academia em relação a esse tema. Contudo, esse cenário tem mudado à medida que mais pesquisadores se debruçam sobre o futebol, reconhecendo sua complexidade e impacto multifacetado na sociedade.

A compreensão desse fenômeno cultural é essencial para entender a euforia provocada pela conquista do tricampeonato mundial em 1970, mesmo entre aqueles que lutavam contra a ditadura militar. Apesar de aclamarem que o futebol havia se tornado o "ópio do povo" durante a campanha dos "70 milhões em ação", a realidade era marcada por uma ambiguidade singular. Hilário Franco Jr. destaca que "não foram poucas as discussões nos aparelhos guerrilheiros sobre qual seria a postura de um verdadeiro revolucionário diante da situação. O nacionalismo de chuteiras abriu fissuras irreparáveis nas mais aguerridas convicções ideológicas" (2007, p. 144).

Inicialmente, os primeiros trabalhos acadêmicos sobre futebol na área da história concentravam-se na ideia de apropriação do esporte

---

[23] Disponível em: https://www.planalto.gov.br/ccivil_03/_ato2004-2006/2006/dnn/Dnn10812.htm. Acesso em: 8 jun. 2024.

pela Ditadura Militar como instrumento de dominação, sem reconhecer a amplitude, complexidade e ambivalência do futebol enquanto objeto de estudo. Atualmente, a abordagem interdisciplinar adotada pelos estudiosos permite desvendar as múltiplas camadas que envolvem o futebol, explorando suas conexões com questões políticas, econômicas, sociais e culturais.

Assim, ao transcender as fronteiras do campo de jogo e adentrar os domínios acadêmicos, o futebol passa a ser compreendido e valorizado de maneira mais profunda e rica, enriquecendo tanto o debate acadêmico quanto a percepção pública dessa manifestação tão intrínseca à identidade nacional.

Decca (1987), em sua obra seminal, apresenta uma análise detalhada do controle exercido sobre o cotidiano operário fora da fábrica. No entanto, acreditamos que as relações eram mais complexas e é crucial considerar as formas de resistências cotidianas. Neste texto, procuramos avançar para além de uma visão dualista de controle absoluto de um lado e passividade do outro, mostrando as lutas cotidianas desses sujeitos históricos.

Entre os mecanismos de controle, Decca destaca a importância do esporte, especialmente o futebol, como um meio de encobrir a luta de classes. Esse esporte fortalecia o discurso de que o lazer deveria ser produtivo, promovendo valores como solidariedade e cooperação, em que os operários literalmente "vestiam a camisa da fábrica". Essa situação era frequentemente denunciada pela imprensa operária. Por exemplo, um artigo no jornal *O Trabalhador Gráfico* afirma: "[...] se o clube é de uma fábrica, é o nome da fábrica e a cor da fábrica que defendem". O jornal *A Plebe* também criticava esses mecanismos de controle, observando: "[...] são três os meios infalíveis que os ricos [...] empregam para tornar a classe operária uma massa bruta: o esporte, o padre e a política. Não existe nenhuma vila de operários [...] que não tenha o campo de futebol" (Decca, 1987, p. 88).

Essas denúncias revelam a tentativa de instrumentalizar o futebol como uma ferramenta de controle social, ocultando as tensões de classe ao fomentar uma identidade coletiva alinhada com os interesses patronais. Contudo, ao reconhecer as resistências cotidianas, podemos perceber que os operários não eram meros receptores passivos desse controle, mas engajavam-se em diversas formas de luta e resistência, utilizando inclusive o próprio espaço do esporte para afirmar suas identidades e reivindicações.

Portanto, ao superar a visão simplista de controle absoluto *versus* passividade, emergem as complexidades das relações sociais e das lutas cotidianas dos trabalhadores, refletindo um cenário mais dinâmico e multifacetado.

Trabalho e mecanismos de controle social

Por meio da análise de boletins de ocorrência médica, produzidos pelo Gabinete de Assistência Policial de São Paulo entre 1911 e 1916, Fábio Dantas Rocha (2018) faz um quadro de profissões relacionando raça e gênero – são empregadas domésticas, trabalhadores informais, carroceiros, serventes de pedreiro –, e observa a instabilidade dessas atividades, o que causaria problemas a essas pessoas, por estarem dia e noite nas ruas em busca de trabalho, pois existe na cidade, desde a abolição, um projeto contra a ociosidade, com a finalidade de controlar os recém-libertos, a vadiagem era vista como um delito, era necessário impelir as pessoas ao trabalho, o discurso vigente era progresso e para isso era necessária a disciplinarização da população.

O código penal de 1890 deixa explícito que ser vadio era crime, além de colocar no mesmo rol de criminalidade os capoeiristas (capoeiras), assim vemos que a perseguição ao negro na cidade era pautada pela lei.

A violência exercida pelo estado contra grupos específicos é um tema histórico e intricado. Da mesma forma, o racismo profundamente enraizado na sociedade brasileira também possui uma longa trajetória.

Percebe-se um processo complexo de enraizamento orgânico dessas ideias, que permanecem influentes até hoje. As estruturas racistas são alimentadas por um pensamento racista, e, por sua vez, essas estruturas racistas "confirmam" e validam ideias racistas.

O trabalho de Schwarcz (1987) sobre a segunda metade do século XIX e a representação do negro demonstra como a imprensa também contribuiu para a criação, disseminação e consolidação de diversas teses que sustentavam a inferioridade e a violência dos negros. A autora resgata, de forma perspicaz, a representação dos negros nos jornais paulistanos no final do século XIX. Os negros eram retratados como violentos, resultantes de sua luta contra os brancos e de uma selvageria própria de indivíduos animalescos. Eles eram descritos como incapazes geneticamente de se cuidar, tornando-se presas fáceis para os vícios. Além disso, eram vistos como degenerados, devido às suas "práticas bárbaras" como o samba e a capoeira, que frequentemente resultavam em tumultos e mortes. De fato, em todos os crimes em que o criminoso era desconhecido, suspeitava-se dos negros.

Sidney Chalhoub, em seu livro *Cidade Febril: Cortiços e Epidemias na Corte Imperial*, examina os mecanismos de controle social no Rio de Janeiro do final do século XIX, destacando como o conceito de "classes perigosas" se estabeleceu no Brasil. Assim, os debates acalorados entre os parlamentares brasileiros sobre quem seriam essas "classes perigosas" acabaram se entrelaçando com o "racismo científico" do século XIX.

Tais teorias raciais desempenharam um papel crucial como instrumento de controle no processo de perpetuação do poder e da dominação da elite intelectual brasileira através da lente do discurso científico. O darwinismo social, em particular, teve um impacto significativo na construção ideológica do racismo, promovendo a crença na superioridade e inferioridade racial, especialmente em relação aos negros.

Assim, consolidou-se a ideia de que os negros eram suspeitos preferenciais, e o Estado assumiu o papel de principal responsável pelo controle social. Controlar a violência e a ociosidade dos negros tornou-se um desafio árduo no período pós-abolição.

Apesar de ser considerado necessário para o modo de produção escravista ou, posteriormente, como mão de obra barata, o negro sempre foi percebido e tratado como um inimigo, um potencial criminoso, sujeito a ser controlado e eliminado quando se torna inconveniente.

Assim, é importante observar que muitos dos empregados da Companhia Antarctica Paulista migraram para a cidade de São Paulo, buscando novas oportunidades, pois conseguir um trabalho significava para muitos a maior alegria de suas vidas, conforme atesta Teresinha Bernardo (2007), cujos interlocutores entrevistados falam do trabalho e do prazer em possuí-lo. Segundo ela, as memórias de homens negros que viviam na cidade de São Paulo atestam também que a falta dele era considerada como uma grande perda, e, por vezes, passaram boa parte de suas vidas buscando atividades que os fariam viver com dignidade.

Ademais, possuir um trabalho naquela época não só representava a possibilidade de ascensão econômica e social, como também oferecia uma proteção crucial contra o sistema repressivo do Estado, que, conforme estipulado pelo Código Penal de 1890, criminalizava a ociosidade. Uma posição em uma empresa em crescimento, como a Cia Antarctica, simbolizava essa busca por tranquilidade e segurança. Ter um emprego estável e um salário no fim do mês não só garantia a subsistência, mas também conferia dignidade e uma forma de respeito social que era negada a muitos. Além disso, estar empregado em uma empresa respeitável ajudava a afastar o estigma de ser considerado "vadio", um rótulo que o Código Penal de 1890 utilizava para marginalizar ainda mais os negros e os pobres.

Em suma, ter um emprego na Cia Antarctica ou em outra grande empresa da época não se limitava a uma questão de sobrevivência econômica, mas também de afirmação social, resistência ao racismo institucionalizado e construção de uma nova identidade social para os afro-brasileiros no período pós-abolição.

A Companhia Antarctica Paulista, localizada próxima às linhas férreas Inglesa e Sorocabana, começou suas atividades em 1886, fabricando gelo, banha, presuntos, conservas de carnes e outros produtos derivados de gado suíno. Em 1888, o cervejeiro alemão Louis Bücher associou-se a Joaquim Salles, alterando a razão social para "Antarctica Paulista – Fábrica de Gelo e Cervejaria", transformando o frigorífico na primeira fábrica brasileira de cerveja de baixa fermentação.

Em 1890, a Companhia Antarctica Paulista contava com 200 funcionários em sua força de trabalho. Nesse período, a cidade de São Paulo tinha pouco mais de 50 fábricas, e apenas a Antarctica e outras dez possuíam mais de 100 funcionários. Em 1928, a empresa já era a maior indústria cervejeira do estado de São Paulo. Dos 3.601 operários empregados em cervejarias naquele ano, 64% trabalhavam para a Companhia Antarctica.

Essa trajetória de crescimento e inovação posicionou a Companhia Antarctica como uma referência industrial na cidade e no estado, destacando-se não apenas pela produção de cerveja, mas também pelo papel significativo que desempenhou na industrialização de São Paulo. A presença da fábrica perto das linhas férreas facilitou a distribuição dos produtos e contribuiu para a expansão do mercado da Antarctica. Além disso, a empresa tornou-se um importante empregador, refletindo a transformação da cidade em um centro industrial dinâmico.

Ao abordar a classe operária não apenas como uma entidade econômica, mas também como um grupo cultural e social, Thompson destacou a importância das experiências diárias e das lutas individuais e coletivas. Seu método enfatiza a necessidade de reconhecer a interação contínua entre as condições materiais de vida e as percepções culturais e subjetivas dos trabalhadores. Seguindo essa premissa, Thompson considerou o trabalho como parte essencial do cotidiano da vida ao elaborar seu estudo sobre a *Formação da Classe Operária Inglesa*. Ele analisou tanto questões genéricas quanto específicas para entender a classe operária como um fenômeno histórico. Thompson explorou o cotidiano dos trabalhadores por meio das relações objetivas e subjetivas, ou seja, materiais e culturais, oferecendo uma compreensão profunda das dinâmicas sociais que moldavam a vida dos operários. Essa abordagem permite uma análise mais rica e detalhada dos processos históricos, revelando como as realidades econômicas e sociais influenciam e são influenciadas pelas práticas culturais e pela consciência de classe.

Seguindo essa perspectiva, buscamos entender o operário como um indivíduo que constrói suas experiências no cotidiano, tentando escapar do controle social do Estado ao mesmo tempo que se submete ao controle de seus patrões. Esse operário vive em uma relação paradoxal de conformismo e resistência, lutando quando possível e se submetendo quando necessário.

Quando analisamos um objeto (sujeito), devemos procurar percebê-lo como um todo, ambíguo, incoerente e complexo. Caso contrário, como aponta Chauí (1989), perde-se a dimensão do objeto/sujeito. Ao considerar o operário dessa maneira, reconhecemos que suas ações e decisões são moldadas por uma variedade de fatores sociais, econômicos e culturais que interagem de maneiras complexas e muitas vezes contraditórias.

A Fábrica e o Campo

As fábricas foram locais importantes para a disseminação do futebol no Brasil, sendo possível a inserção dos negros na prática esportiva, além de dar possibilidade de ascensão econômica para essa classe, segundo Fernando da Costa Ferreira (2005). Ao lado da várzea, os clubes mantidos principalmente pelos industriais foram responsáveis pela democratização do futebol no país, como exemplo temos o time de fábrica de Bangu no Rio de Janeiro, criado em 1904, reconhecido como um caso clássico de time operário de acordo com Fátima Antunes (1992).

> Tal como acontecera com os clubes de várzea, que rapidamente se espalharam por São Paulo, também os clubes de

fábrica se tornaram comuns. Seu número não parava de crescer. Organizando-se e criando associações desportivas entre colegas, no local de trabalho, os trabalhadores tiveram acesso ao futebol. Formou-se uma tradição operária de futebol amador praticado em clubes de fábrica, em geral, criados por iniciativa dos próprios trabalhadores, muito embora as empresas desempenhassem papel fundamental na manutenção dessa atividade, através de colaboração material e financeira (Antunes, 1992, p. 33).

Com o crescimento da industrialização, observamos um crescimento na quantidade de times operários, alguns clubes ligados a empresas por volta dos anos 1920 em São Paulo, como: Fábrica Sant'Ana, Gasômetro F.C., Associação Esportiva Casa Pratt, Maria Zélia F.C., Aniagem Paulista, Bloco Paraíba F.C., além dos grêmios das companhias inglesas como a São Paulo Railway, Gas Company e Light & Power. C, são apontados por Decca (1987). O Antarctica Futebol Clube foi criado em 1914 e se fundiu em 1933 ao Sport Club Internacional, dando origem ao Clube Atlético Paulista em 1934, a autora não cita esse time, mesmo sendo o clube da maior empresa cervejeira de São Paulo com atuação por quase 20 anos, tendo disputado quatro edições do campeonato Paulista da 1.ª Divisão, entre 1926 e 1929. Diferentemente do time The Bangu Athletic Club da fábrica Companhia Progresso Industrial, o time da Antarctica não ficou mais conhecido que a própria fábrica.

A direção da fábrica começou a subsidiar as atividades do clube de diversas maneiras, como ceder terrenos da empresa para a construção do campo de futebol e da sede social, ou contribuir para o pagamento de aluguéis (Antunes, 1992, p. 35). Esse apoio alinhava-se com as resoluções da empresa, que em 1920 fundou o Estádio Antônio Alonso, conhecido como Antarctica Paulista, localizado na Rua da Mooca n.º 328. A escolha dessa localização deveu-se ao fato de a fábrica ter transferido todas as suas operações para o bairro da Mooca em 1920. Atualmente, existe um condomínio residencial no local, destacando o apagamento dos espaços de memória do futebol de fábrica e do futebol amador na cidade de São Paulo, um tema que merece pesquisas futuras.

O time da fábrica tornou-se um importante espaço de difusão dos produtos Antarctica. Conforme observado por Ferreira (2005), "os donos das fábricas logo perceberam que o sucesso das equipes que levavam o nome das empresas servia como um excelente veículo de divulgação e popularização do nome das fábricas e de seus produtos." Ou seja, o próprio time funcionava como uma ferramenta de promoção, ajudando a ampliar a visibilidade e as vendas dos produtos Antarctica. O time da fábrica, portanto, servia como um cartão de visitas da empresa.

Pensar no time como uma vitrine dos produtos da empresa implica também considerar a necessidade de contar com bons jogadores para alcançar esse objetivo. Assim, a qualidade do time não era apenas uma questão de orgulho esportivo, mas também uma estratégia empresarial. Os bons resultados em campo ajudavam a promover a marca e a consolidar a imagem da empresa junto ao público, demonstrando a interseção entre o esporte, a indústria e as estratégias de popularização dos produtos da época.

O Antarctica Futebol Clube iniciou nas competições futebolísticas no Campeonato Paulista da 2.ª Divisão em 1916, ficando com o vice-campeonato. Jogou no Campeonato Paulista da 3.ª Divisão em 1917 e 1918. Retornaram ao Campeonato Paulista da 2.ª Divisão, disputando as edições de 1919, 1920, 1921, 1922, 1923, 1924 e 1925, foram campeões da 2.ª divisão em 1930, segundo informações do site *História do Futebol*. Em uma das imagens do Antarctica Futebol Clube tirada em 27/10/1929, a legenda atrás da foto continha os nomes e as posições dos jogadores: "contando da esquerda para direita: Maxa xa bomba, Zico, Damião, Mono, Yoyô (Paulo) e, no centro agachado, Delfim."

Figura 1 – Jogadores do Antarctica Futebol Clube

Fonte: Acervo Histórico Fundação Zerrenner

O quarto da esquerda para a direita é "Mono", um homem negro. É importante destacar que em espanhol "mono" significa "macaco". A palavra pode ser usada tanto para se referir ao animal quanto de forma pejorativa para insultar pessoas, especialmente em contextos racistas, em que é utilizada para descrever pessoas negras de maneira ofensiva. No contexto do futebol, esse termo, infelizmente, tem sido historicamente utilizado de forma pejorativa e racista. Até a atualidade, é comum em jogos de futebol negros serem chamados de macacos, e há inúmeros episódios em que torcedores jogaram bananas no campo.

Considerando o contexto de uma fábrica cheia de estrangeiros entre 1920 e 1930, muitos deles espanhóis, surge a questão: será que o jogador apelidado de "Mono" estava ciente do significado desse termo? A resposta a essa pergunta nos leva a refletir sobre a complexidade das relações sociais e culturais da época. A presença de muitos espanhóis na fábrica sugere que a palavra "mono" não era usada inocentemente, e é provável que o jogador enfrentasse um ambiente permeado por discriminação e preconceito racial. O uso do apelido "Mono" pode ter sido uma forma de tentar desumanizar e diminuir o jogador, o trabalhador.

O racismo na sociedade é evidente, chamar alguém de macaco é tirar sua condição humana, e esse é o insulto de maior recorrência proferido a negros e negras.

> Se é fato que o jogador negro alça um lugar de status frente aos demais, há uma falsa humanidade aí colocada, tanto no sentido dos atributos corporais, quanto na responsabilidade em ganhar a partida. Na falha, essa humanidade é retirada e retorna "o primitivo". Chamar de macaco representa, de forma dolorosa, mas elucidativa, o retorno ao não humano. Além do mais, o lugar da racionalidade negada é reforçado pelos demais postos de atividade do futebol (inter)ditados aos homens negros que constroem a partida (Silva; Mendes; Dantas, p. 1, 2020).

O início do futebol brasileiro é marcado pela discriminação racial. A Associação Atlética Ponte Preta, fundada em 11 de agosto de 1900 na cidade de Campinas, foi um dos primeiros times a incluir jogadores negros. Entre eles estava Miguel do Carmo, considerado o primeiro jogador negro do país. Ferroviário de profissão, a identificação racial de Miguel foi confirmada por sua carteira de registro com foto, já que as listas de escalações não permitiam saber quem era negro ou não.

Popularmente conhecida como Ponte Preta, a equipe recebeu o apelido de "Macaca", um termo pejorativo que acabou sendo adotado com orgulho pelos torcedores e transformado na mascote do time. De acordo com o site da Ponte Preta, "a Macaca foi pioneira em ter cidadãos afrodescendentes em seus quadros, sem nenhum tipo de preconceito, desde a fundação do time em 11 de agosto de 1900" (Associação Atlética Ponte Preta, [s.d.]). O que inicialmente era uma ofensa foi transformado em símbolo de luta e resistência pelo time mais antigo do estado de São Paulo.

Criada em 1926, a Liga de Amadores de Futebol (L.A.F.) começou a organizar, a partir de 1927, um campeonato anual conhecido como Preto x Branco, realizado no dia da abolição da escravatura. Esse evento foi amplamente divulgado nos jornais da época, conforme relatado por Abrahão e Soares (2012). O campeonato não apenas celebrava a data histórica, mas também chamava a atenção para as questões raciais que permeavam a sociedade brasileira e o mundo do futebol.

No grupo dos pretos, o funcionário apelidado de "Mono" participou do primeiro campeonato em 1927. A inclusão de "Mono" nesse campeonato sublinha a importância e a presença de jogadores negros no futebol brasileiro desde suas primeiras décadas, apesar do racismo e da discriminação prevalecentes.

A realização do campeonato Preto x Branco pode ser vista como uma tentativa de promover a igualdade e a integração racial no futebol. No entanto, também refletia as tensões e contradições da época, em que a segregação e o racismo ainda eram fortemente enraizados na sociedade. Eventos como esse mostravam tanto a resistência quanto a adaptação dos jogadores negros, que utilizavam o futebol como um meio de afirmação e luta contra o preconceito.

> O trophéo que se disputa hoje pela primeira vez e que só ficará de posse definitiva dos vencedores em três anos consecutivos ou 4 alternados, foi offerecido pelo Sr. Dr. Dino Bueno, presidente do Estado, que denomina "Princeza Izabel". São estes os selecionados que hoje vão enfrentar-se para a primeira partida em disputa deste premio. Selecionado branco. Nestor – Clodoaldo – Bastho – Raphael – Vanni – Gelindo – Apparicio – Néco – Friedenreich – Romeu Guimarães.
>
> Selecionado Preto: Dica (P. P.), Francisquinho – Ferreira (independência) – Cunhal (R. Claro), Mono (Antarctica) – Rogério (Santista) – Bisoca (Syrio) – Nabor (PP) – Camargo (Jundiahy) Gradin e Carrapicho (PP) (Abrahão; Soares, 2012, p. 49).

Na lista dos jogadores pretos selecionados para o campeonato anual Preto x Branco, há informações sobre os times ou localidades de origem de cada jogador. Essa lista revela a presença de um jogador da Ponte Preta (PP), um dos primeiros times a incluir negros em sua equipe.

No campeonato de 1928, os jogadores brancos selecionados treinariam com o time da Associação Atlética das Palmeiras, criado em 1902 um clube elitista cujo campo ficava inicialmente na atual Avenida Angélica. Os jogadores negros treinariam com o time formado pelos funcionários da Companhia Antarctica, que incluía negros entre os titulares. Como evidenciado em um trecho do jornal da época: "o selecionado dos jogadores de cor deverá treinar com o quadro principal do Antarctica Futebol Clube", no qual "Mono" aparece escalado.

O campeonato de 1928 foi notável pelo desempenho destacado do time dos pretos, que se sagrou campeão com uma vitória de 4x2. A participação de "Mono" e outros jogadores negros não só desafiava os preconceitos raciais, mas também demonstrava a habilidade e o talento que existiam independentemente das barreiras sociais.

Figura 2 – Trecho do *Jornal Diário Nacional*

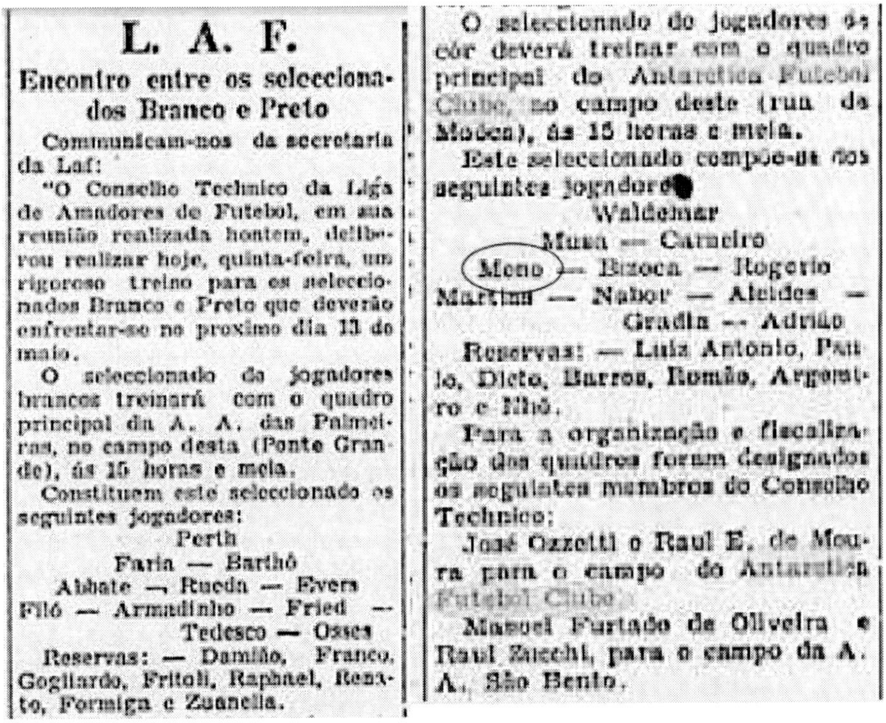

L. A. F.

Encontro entre os selecciona-dos Branco e Preto

Communicam-nos da secretaria da Laf:

"O Conselho Technico da Liga de Amadores de Futebol, em sua reunião realizada hontem, deliberou realizar hoje, quinta-feira, um rigoroso treino para os seleccionados Branco e Preto que deverão enfrentar-se no proximo dia 13 de maio.

O seleccionado de jogadores brancos treinará com o quadro principal da A. A. das Palmeiras, no campo desta (Ponte Grande), ás 15 horas e meia.

Constituem este seleccionado os seguintes jogadores:

Perth
Faria — Barthô
Abbate — Rueda — Evers
Filó — Armandinho — Fried — Tedesco — Osses

Reservas: — Damião, Franco, Gogliardo, Fritoli, Raphael, Renato, Formiga e Zuanella.

O seleccionado de jogadores de côr deverá treinar com o quadro principal do Antarctica Futebol Clube, no campo deste (rua da Mooca), ás 15 horas e meia.

Este seleccionado compõe-se dos seguintes jogadores:

Waldemar
Musa — Carneiro
Mono — Bizoca — Rogerio
Martins — Nabor — Alcides — Gradin — Adrião

Reservas: — Luiz Antonio, Paulo, Dieto, Barros, Romão, Argemiro e Nhô.

Para a organização e fiscalização dos quadros foram designados os seguintes membros do Conselho Technico:

José Ozzetti e Raul E. de Moura para o campo do Antarctica Futebol Clube.

Manoel Furtado de Oliveira e Raul Zucchi, para o campo da A. A. São Bento.

Fonte: *Jornal Diário Nacional: A Democracia em Marcha*, 10 maio 1928, p. 6

No trecho do jornal supra vemos a escalação no dia 10 de maio e os preparativos para o jogo que seria em 13 de maio de 1928. Abrahão e Soares (2012) fizeram uma análise desse campeonato que ocorreu entre 1927 e 1939, entendendo que a função era de prevenção do esquecimento da escravidão e reforçando a ideia de um país modelo para as questões étnico-raciais do período.

Também observamos jogos entre as equipes das empresas da Mooca, pois além do Antarctica Futebol Clube, outras fábricas também possuíam times, como a Regoli e Cia. Ltda. Essa tecelagem foi comprada pelo Cotonifício Crespi em 1909, resultando na mudança de nome do time para Crespi F.C. Da fusão de dois times da própria fábrica, surgiu em 1930 o Clube Atlético Juventus. A prática de criar e manter equipes de futebol dentro das fábricas era comum e servia para promover a integração entre os trabalhadores, bem como para fortalecer o espírito de equipe e a identidade corporativa.

"Mono" sempre está escalado, fazia parte do quadro principal, aparece cotado para jogar um amistoso com o time C. R. Crespi F.C., além dele temos outro que provavelmente era negro, apelidado de Chocolate.

Figura 3 – *Jornal Correio Paulistano*, Edição 23759[24]

Fonte: *Jornal Correio Paulistano*, 11 jan. 1930

---

[24] Disponível em: http://memoria.bn.br/DocReader/DocReader.aspx?bib=090972_08&pagfis=151. Acesso em: 2 jun. 2022.

Entre as fichas de contratação da CAP encontramos a de Benedicto de Souza, anotada com caneta azul no campo Observações: "Antigo militante do Antarctica F. C, mais conhecido por Mono. 25/11/59.", podemos ver na figura a seguir:

Figura 4 – Ficha de Benedicto de Souza, antigo militante do Antarctica F.C.

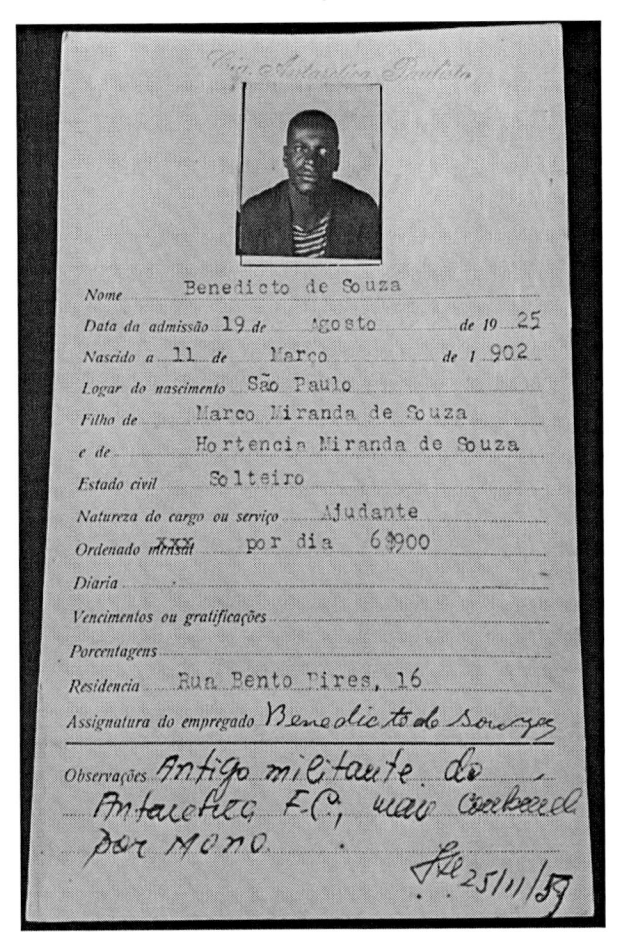

Fonte: Acervo Histórico Fundação Zerrenner/Ambev

"Mono" tem nome, tem família e tem história, é Benedicto de Souza, nascido em São Paulo em 11 de março de 1902, filho de Marco Miranda de Souza e Hortencia Miranda de Souza. Contratado em 19 de agosto de 1925 como ajudante com ordenado de 6$900 réis por dia, morador da Rua Bento

Pires, n.º 16. Seus pais eram casados, como vemos por seus sobrenomes, ele era solteiro, alfabetizado, pode assinar sua ficha.

Nos chama atenção na anotação em azul a palavra militante, que no dicionário atual pode significar aquele que defende uma causa ou ideia ativamente. Quais os significados de pertencimento ao time de futebol da empresa para Benedicto de Souza?

> Para além de uma atividade lúdica, o futebol assumia significados cívicos, sociais e políticos. É tanto que chegou a ser chamado de o "esporte da raça" (O Clarim d'Alvorada, 20/07/1931, p. 3), na medida em que valorizava e positivava a presença do negro na sociedade brasileira (Domingues, 2015, p. 1).

Não é casualidade Benedicto ter sido chamado de militante. O esporte ultrapassava o aspecto lúdico e tornava-se um ato político e de inserção social. Benedicto foi contratado em 19 de agosto de 1925 e, apenas um mês após sua contratação, seu nome já aparecia escalado no time. Como podemos ver no jornal *A Gazeta* de 19 de setembro de 1925, o jovem de 23 anos rapidamente chamou a atenção, não apenas como um bom funcionário, mas também como um excelente jogador.

Essa rápida ascensão de Benedicto no time ressalta a importância do esporte como meio de mobilidade social e expressão política. A habilidade de Benedicto no futebol não só destacava seu talento individual, mas também simbolizava a luta por reconhecimento e igualdade em uma sociedade marcada pela discriminação racial. Sua atuação tanto no campo quanto na fábrica representava uma forma de resistência e empoderamento, mostrando que o esporte pode ser uma poderosa ferramenta de mudança social.

Além disso, a presença de Benedicto no time logo após sua contratação evidencia como o futebol era um espaço onde os trabalhadores podiam ganhar visibilidade e respeito, contribuindo para a construção de uma identidade coletiva e para a luta contra o preconceito racial.

Figura 5 – *Jornal A Gazeta*, Edição 05886

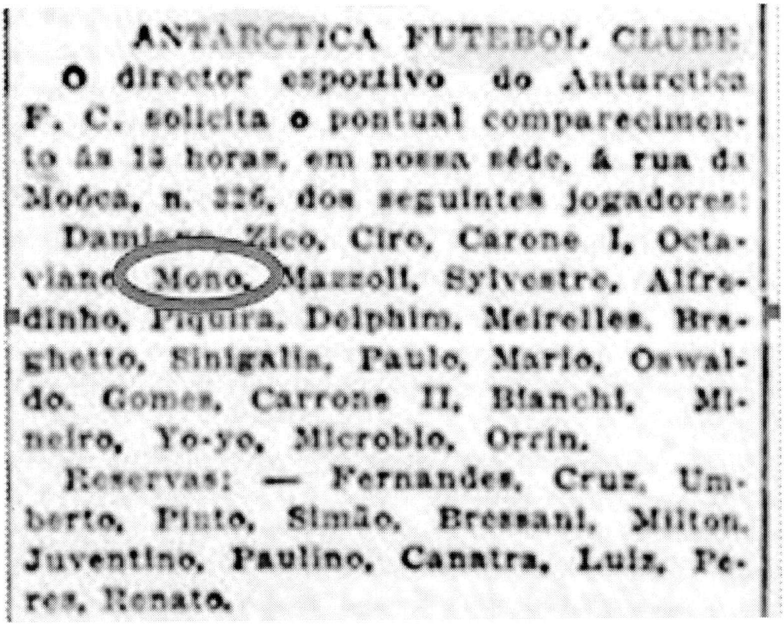

> **ANTARCTICA FUTEBOL CLUBE**
> O director esportivo do Antarctica F. C. solicita o pontual comparecimento ás 13 horas, em nossa séde, á rua da Moóca, n. 226, dos seguintes jogadores: Damião, Zico, Ciro, Carone I, Octaviano, Mono, Mazzoli, Sylvestre, Alfredinho, Piquira, Delphim, Meirelles, Braghetto, Sinigalia, Paulo, Mario, Oswaldo, Gomes, Carrone II, Bianchi, Mineiro, Yo-yo, Microbio, Orrin.
> Reservas: — Fernandes, Cruz, Umberto, Pinto, Simão, Bressani, Milton, Juventino, Paulino, Canatra, Luiz, Peres, Renato.

Fonte: *Jornal A Gazeta*, 19 jun. 1925

Com ganho diário de 6$900 (réis), ser parte do time da fábrica poderia ser uma possibilidade de ascensão e mobilidade de Benedicto.

Aos operários-jogadores era oferecida uma remuneração especial sob formas de pequenos presentes e serviços, gratificações e até um segundo salário, trabalhadores viam-se estimulados a aumentar suas rendas com os "bichos" pagos após os jogos. Os jogadores-operários poderiam dedicar algumas horas após o expediente para treinos e os finais de semana para os jogos, mantendo a ocupação principal como funcionário da fábrica, consoante a Fátima Antunes (1992). Importante observar a escala de Benedicto em 19 de setembro de 1925, era um sábado.

Como ajudante, com baixo salário, fazendo parte do time era possível a Benedicto aumentar sua renda, pelo que percebemos ele continuou na empresa, a observação à caneta foi escrita em 1959, não sendo contratado para o futebol profissional, mantendo o emprego na Companhia Antarctica Paulista e a permanência assídua no time, sem dúvidas sua participação não passou despercebida, caso contrário essa informação não teria sido escrita, é uma das únicas fichas com o campo **Observação** preenchido.

Considerações finais

A ficha de contratação de Benedicto nos trouxe informações para sabermos quem foi aquele jogador negro do Antarctica F.C., qual sua posição na empresa, sua importância para a equipe.

Carlos Molinari Rodrigues Severino (2015) tenta recriar a trajetória do jogador-operário Roldão Maia funcionário da fábrica Bangu no Rio de Janeiro, por meio de notícias de jornais e livros de atas do clube, já que os cartões de contratação não existem mais:

> Infelizmente, no caso da Fábrica Bangu, os chamados "cartões históricos", ou seja, as fichas de registros dos operários não estão mais disponíveis. Ali poderíamos ter acesso a dados completos sobre a trajetória profissional de jogadores-operários, como Roldão Maia. Além de sexo, idade, estado civil, instrução e nacionalidade, essas fichas mostravam as datas de entrada e saída, os cargos, os salários, a moradia, os acidentes, os motivos de punição e de desligamento, além de informar se o funcionário era ou não militante operário. No entanto, tentaremos reconstruir a trajetória desportiva e profissional de Roldão com outras fontes disponíveis: notícias de jornais e livros de atas do clube (Severino, 2015, p. 179).

As fichas de contratação das fábricas são uma fonte rica para diversas pesquisas, ajudando a recompor a trajetória profissional de um operário-jogador. Elas nos permitiram descobrir e conhecer a identidade de "Mono". Esse tipo de documentação, encontrada em diversos acervos empresariais e familiares, deve ser cuidadosamente analisado para contribuir à historiografia sobre a composição do operariado urbano-industrial na cidade de São Paulo, além de resgatar histórias sobre os negros e negras do Brasil.

O cruzamento de fontes é fundamental para a compreensão da população negra na cidade de São Paulo. O olhar atento do arquivista, capaz de correlacionar documentação fotográfica e trabalhista, amplia a discussão sobre o futebol operário e a inserção de negros nos times de fábrica. Isso demonstra a importância da conservação e difusão do acervo custodiado pela Fundação Zerrenner.

A importância de iniciativas de conservação e difusão desses acervos não pode ser subestimada. Elas são essenciais para que possamos contar as histórias dos trabalhadores e atletas negros, destacando suas contribuições e lutas em um contexto histórico muitas vezes marcado pelo racismo e pela exclusão. A Fundação Zerrenner, ao custodiar e disponibilizar esses documentos, desempenha um papel crucial na preservação da memória e na promoção de um conhecimento mais inclusivo e diversificado sobre o passado industrial e esportivo do Brasil.

Esses documentos não só revelam detalhes sobre a vida profissional dos trabalhadores, mas também permitem uma análise mais profunda das dinâmicas sociais e raciais da época. Ao preservar e estudar esses acervos, podemos dar voz a histórias que foram marginalizadas e construir um entendimento mais completo e inclusivo da nossa história.

Assim, acreditamos que, embora houvesse a possibilidade e tentativa de utilizar o esporte, especialmente o futebol, como instrumento de controle social, a situação era bem mais complexa. O futebol, nesse contexto, não era apenas um meio de distração ou de controle por parte dos patrões, mas também uma oportunidade para os trabalhadores. Integrar o time da empresa podia trazer benefícios concretos, como melhores condições de trabalho, reconhecimento e até mesmo prestígio social.

Essa dinâmica mostra como o futebol podia servir tanto aos interesses das empresas quanto aos dos trabalhadores. Para as empresas, manter um time de futebol era uma forma de criar uma imagem positiva e promover a lealdade entre os empregados. Para os trabalhadores, o futebol oferecia uma maneira de melhorar suas vidas e resistir, ainda que de forma sutil, ao controle imposto pelos patrões.

Portanto, ao analisar a relação entre o futebol e o mundo do trabalho, é fundamental reconhecer essa complexidade e entender que o esporte podia ser, simultaneamente, uma ferramenta de controle e uma via de empoderamento e resistência para os trabalhadores.

Referências

Fontes

Associação Atlética Ponte Preta. Disponível em: https://pontepreta.com.br/20191120cn/. Acesso em: 12 nov. 2022.

História do Futebol. Disponível em: https://historiadofutebol.com/blog/?p=83192. Acesso em: 27 dez. 2022.

Acervo Histórico Fundação Zerrenner/ANBEV. Disponível em: https://www.gov.br/conarq/pt-br/servicos-1/consulta-as-entidades-custodiadoras-de-acervos--arquivisticos-cadastradas/entidades-custodiadoras-no-estado-de-sao-paulo/acervo-historico-fundacao-zerrenner-ambev. Acesso em: 27 dez. 2022.

Jornal Correio Paulistano, Edição 23759, 11 jan. 1930. Disponível em: http://memoria.bn.br/DocReader/DocReader.aspx?bib=090972_08&pagfis=151. Acesso em: 2 jun. 2022.

Jornal A Gazeta, Edição 05886, 19 set. 1925. Disponível em: http://memoria.bn.br/DocReader/DocReader.aspx?bib=763900&Pesq=%22antarctica%20futebol%20clube%22&pagfis=21559. Acesso em: 22 nov. 2022.

Jornal Diário Nacional: A Democracia em Marcha, 10 maio 1928, p. 06. Disponível em: http://memoria.bn.br/DocReader/DocReader.aspx?bib=213829&pesq=%22antarctica%20futebol%20clube%22&pasta=ano%20192&hf=memoria.bn.br&pagfis=2257. Acesso em: 22 nov. 2022.

Bibliografia

ABRAHÃO, Bruno Otávio de Lacerda; SOARES, Antonio Jorge Gonçalves. O futebol na construção da identidade nacional: uma análise sobre os jogos "pretos x brancos". **Rev. Bras. Educ. Fís. Esporte,** São Paulo, v. 26, n. 1, p. 47-61, jan./mar. 2012.

ANTUNES, Fatima Martin Rodrigues Ferreira. **Futebol de fábrica em São Paulo.** 1992. 190 f. Dissertação (Mestrado em Sociologia) – Faculdade de Filosofia, Letras e Ciências Humanas, Universidade de São Paulo, São Paulo, 1992. Disponível em: https://ludopedio.org.br/biblioteca/futebol-de-fabrica-em-sao-paulo/. Acesso em: 27 dez. 2022.

BERNARDO, Teresinha. **Memória em branco e negro:** olhares sobre São Paulo. 1. reimp. São Paulo: EDUC: Editora Unesp, 2007.

CERTEAU, Michel de. **A Escrita da história.** Tradução de Maria de Lourdes Menezes; revisão técnica de Arno Vogel. Rio de Janeiro: Forense Universitária, 1982.

CHALHOUB, Sidney. **Cidade Febril:** cortiços e epidemias na Corte Imperial. São Paulo: Cia das Letras, 1996.

CHAUI, Marilena. **Conformismo e Resistência.** 4. ed. São Paulo: Brasiliense, 1989.

DECCA, Maria A. Guzzo. **A vida fora das fábricas.** Rio de Janeiro: Paz e Terra, 1987.

DOMINGUES, Petrônio. O "campeão do Centenário": raça e nação no futebol paulista. **História Unisinos**, v. 19, n. 3, set./dez. 2015. Disponível em: https://revistas.unisinos.br/index.php/historia/article/view/htu.2015.193.08/5094. Acesso em: 22 nov. 2022.

FERREIRA, Fernando da Costa. Futebol de classe: a importância dos times de fábrica nos primeiros anos do século XX. **Lecturas**: Educación Física y Deportes, Buenos Aires, Año 10, n. 90, nov. 2005. Disponível em: https://www.efdeportes.com/efd90/times.htm. Acesso em: 14 maio 2022.

FRANCO JR., Hilário. **A Dança dos Deuses**: futebol, cultura, sociedade. São Paulo: Cia das Letras, 2007.

MOLINA, Talita dos Santos. **Arquivos privados e patrimônio documental**: o Programa de Preservação da Documentação Histórica – pró-documento (1984-1988). 2018. 237 f. Tese (Doutorado em História) – Programa de Estudos Pós-Graduados em História, Pontifícia Universidade Católica de São Paulo, São Paulo, 2018. Disponível em: https://tede2.pucsp.br/handle/handle/21251. Acesso em: 3 dez. 2022.

ROCHA, Fábio Dantas. **Saindo das sombras:** classe e raça na São Paulo pós-abolição (1887-1930). 2018. Dissertação (Mestrado em História) – Escola de Filosofia, Letras e Ciências Humanas, Universidade Federal de São Paulo, São Paulo, 2018. Disponível em: https://repositorio.unifesp.br/handle/11600/59175. Acesso em: 3 mar. 2022.

SEVERINO, Carlos Molinari Rodrigues. **Mestres estrangeiros; operariado nacional**: Resistências e derrotas no cotidiano da maior Fábrica têxtil do Rio de Janeiro (1890 – 1920). Dissertação (Metrado em História) – Instituto de Ciências Humanas da Universidade de Brasília, Brasília, 2015. Disponível em: http://icts.unb.br/jspui/bitstream/10482/20424/1/2015_CarlosMolinariRodriguesSeverino.pdf. Acesso em: 27 maio 2024.

SILVA, Roberta Pereira da; MENDES, Bárbara Gonçalves; DANTAS, Marina de Mattos. Racismo: a quem interessa pensar que foi diferente no futebol? **Ludopédio**, São Paulo, v. 137, n. 52, 2020. Disponível em: https://ludopedio.org.br/arquibancada/racismo-a-quem-interessa-futebol/. Acesso em: 27 dez. 2022.

SCHWARCZ, Lilia Moritz. **Retrato em branco e negro**. São Paulo: Companhia das Letras, 1987.

THOMPSON, Edward. Palmer. **A formação da classe operária inglesa**. Tradução de Denise Bottman, v. 1. Rio de Janeiro: Paz e Terra, 1987.

MODUS VIVENDI, ACIDENTES DE TRABALHO E MORTES: O *MODUS OPERANDI* DA DITADURA MILITAR-EMPRESARIAL NA ITAIPU BINACIONAL EM RELAÇÃO AOS TRABALHADORES

Jussaramar da Silva
Carla Luciana da Silva

Durante os anos de 1970, particularmente a partir de 1974, teve início a construção da Usina de Itaipu, num condomínio Binacional entre Brasil e Paraguai para geração de energia, com distribuição aos dois países, sendo que o Paraguai se tornava obrigado a vender o excedente de sua produção ao sócio do outro lado da fronteira (Tratado de Itaipu, Anexo C, 1973).

A construção foi publicizada como uma obra faraônica, com recordes ainda não superados em muitos aspectos. Foi a maior geradora de energia do mundo e só mais recentemente foi superada pela Usina de 3 Gargantas – na China.

No processo de reconstrução de sua história, na sua "História Oficial", a própria Binacional informa os volumes de concretos lançados em um único dia, numa narrativa em que o concreto ganha vida:

> A construção da Itaipu consumiu 12,7 milhões de m³ de concreto, volume suficiente para construir 210 estádios de futebol como o Maracanã, no Rio de Janeiro.
>
> A concretagem ocorreu numa velocidade incomum. Em um único dia, o volume de concreto lançado chegou a 15 mil m³ e, em um mês, 340 mil m³. Para garantir o fornecimento de suprimentos como cimento e ferro, uma autêntica operação de guerra foi montada. Foi o jeito de garantir material de forma contínua, para que os trabalhadores não ficassem parados (Itaipu Binacional, 26 mar. 2010).

É laudatória a forma de narrar sua história e sua grandeza, que aparece também nas falas oficiais das visitas turísticas guiadas que promove. Está implícita, na narrativa da empresa, ainda que em detalhes pouco perceptíveis ao leitor, a forma pela qual ela induz os seus visitantes a perceberem o que houve por trás de tanta glória. "Uma autêntica operação de guerra foi montada". Aparece, à primeira vista, realmente só a grandeza. Mas o número assustador de acidentes no interior do canteiro de obras nos leva a pensar que, do ponto de vista da força de trabalho, a quantidade de acidentes também traz a dimensão da guerra que foi travada, especialmente contra os trabalhadores, conforme veremos.

A narrativa oficial segue, com um desfecho digno da forma pela qual a força de trabalho foi tratada, por operações de guerra para não ficarem "parados". A ideia de que um trabalhador ficasse ocioso de fato foi um problema geral que a empresa enfrentou e combateu no afã de garantir seu gigantismo. Buscamos apontar as medidas que a empresa organizou para que o seu contingente de mão de obra estivesse o tempo todo ocupado, aumentando inclusive o tempo de trabalho.

As curiosidades sobre sua grandeza, que a própria empresa conta, não param por aí. Ainda segundo a Itaipu,

> Em um só dia, 14 de novembro de 1978, Itaipu bateu um recorde sul-americano durante a concretagem da barragem, quando foram lançados na obra 7.207 metros cúbicos de concreto equivalente a um prédio de dez andares a cada hora. Ou 24 edifícios no mesmo dia (Itaipu Binacional, 2016c).

A tragédia de tal situação passaria imperceptível, não fosse a própria empresa assumir recentemente, em reportagem da Agência Pública, o montante de 43.530 acidentes de trabalho entre 1978 e 1984 (Borges, 2023). Num cálculo simples, de média, temos o total de 7.255 acidentes por ano, e isso nos dá, nesse período, um total de quase 20 acidentes por dia.

Ainda que não tenhamos as informações do tipo de gravidade, documentos internos informam sobre um coeficiente alto de gravidade, ainda que contassem com uma média considerada normal. É o caso do documento "Relatório sobre a Visita à Obra de Itaipu", encontrado no Fundo do Conselho de Segurança Nacional, na base de dados do Arquivo Nacional. No documento, embora sem data, há uma informação sobre construção de casas até agosto de 1978, o que nos leva a concluir que o relatório é possivelmente de setembro do mesmo ano. O fundamental é a informação do coeficiente de acidentes de trabalho. A informação é a de que

> Coeficiente de frequência de acidentes: 37,4 (número de acidentes p/milhão de horas trabalhadas).

> Coeficiente de gravidade de acidentes: 1.865,2 (número de dias perdidos p/milhão de horas trabalhadas) (Brasil, Conselho de Segurança Nacional, 1978, p. 161).

Ainda que não tenhamos condições de esmiuçar os detalhes, encontramos informações de que a frequência era considerada boa, mas a gravidade ruim. O que nos dá a dimensão do que se considerou em termos de acidentes de trabalho e como a vida e a segurança de trabalhadores e trabalhadoras era tratada.

Os números nacionais demonstram o problema do "Brasil Grande", aliado do "progresso nacional", que deixou um rastro de destruição, com acidentes e mortes numa lógica perversa de desenvolvimento que tem maiores cuidados com equipamentos e materiais do que com pessoas. O material oficial de Itaipu narra o cuidado com o cimento, mas não há uma linha com o cuidado com as vidas dos trabalhadores de conjunto. Se criará a grandeza do "Barrageiro – homem de aço", escultura que fica logo na entrada da hidrelétrica, que homenageia trabalhadores suportando todas as condições adversas. Infelizmente, essa não é a realidade que a documentação nos mostra. De acordo com Juarez Correia Barros Júnior (2001, p. 17),

> Nas décadas de 70 e 80, a área de Segurança e Saúde no Trabalho apresentou índices alarmantes de acidentes de trabalho. Nos anos 70, o país contabilizou em um único ano mais de 1.700.000 acidentes de trabalho um perfil de mais de 18% de trabalhadores. Diante desse quadro alarmante o Brasil foi compelido a definir ações que pudessem reduzir tais indicadores. Em 1977, pela Lei 6.514, foi alterado o Capítulo V do Título II da CLT, que trata da segurança e saúde dos trabalhadores nos locais de trabalho, com importantes modificações nas regras básicas então estabelecidas, a fim de garantir a efetiva melhoria dos ambientes e das condições de trabalho.

A ditadura civil-militar-empresarial teve modos específicos de atuação contra distintos grupos sociais. Se por um lado houve tortura em larga escala contra militantes, com mortes e desaparecimentos forçados, promovendo exílios e diversas perversidades, por outro, a forma de controle em relação aos trabalhadores foi a promoção do "desenvolvimento" alicerçado na utilização da mão de obra de formas bastante perversas, tornando o país um campeão de acidentes de trabalho. A superexploração do trabalho se intensificava.

A documentação analisada em nossas pesquisas demonstra como a Itaipu organizou a força de trabalho, bem como desenvolveu o controle sistematizado. Em outros trabalhos (Silva, J., no prelo) a autora vem discutindo o papel das forças de segurança de conjunto. Todavia, aqui, analisaremos outros aspectos fundamentais da organização da força de trabalho.

Os feitores e fiscais das obras

Os setores de segurança que funcionavam em Itaipu eram da própria Binacional – as Assessorias de Segurança – ou da União de Construtoras Ltda – Unicon –, reunindo as empreiteiras Andrade Gutierrez, Mendes Júnior, Camargo Corrêa, CBPO e Cetenco. Ao encargo desses setores de segurança estavam as questões de segurança e informações e guarda patrimonial.

Embora na documentação as Assessorias de Segurança da Itaipu dessem conta das informações sobre a produtividade e se realizasse o controle da mão de obra no processo de contratação, a atuação mais direta sobre a produtividade ficava ao encargo dos fiscais e feitores.

> A empresa deu o nome de feitor e com ele a designação histórica de ser ele um indivíduo que tem, nas suas atribuições, a tarefa de vigiar e estimular, de forma violenta, a produção; e punir, caso as normas da empresa não fossem cumpridas, no que se referia à produção. As falas dos trabalhadores foram providenciais para se chegar à resposta acerca da atuação dos feitores (Sessi, 2015, p. 31).

Sessi analisou pormenorizadamente a atuação desse setor de controle da força de trabalho, e sua dissertação se ocupou de colher informações que evidenciam o papel constituído pela Binacional para esses cargos. Seu trabalho aponta o sentido da militarização e controle no interior do canteiro de obras e como a força de trabalho foi submetida às condições impostas.

A combinação dos vários setores que se ocupavam do controle é que conduziu os trabalhadores nas extensas e extenuantes jornadas. Ainda, de acordo com o autor,

> [...] as Agências de Segurança militarizadas e as feitorias na produção constituíram as equipes diretivas que controlavam os indivíduos e os mantinham nas frentes de trabalho para que produzissem em harmonia com o que o consórcio de

> empresas e a própria Itaipu Binacional ofereciam a eles. Contudo, diferente das feitorias, o setor responsável pela coerção tinha autonomia sobre os outros membros dirigentes como os feitores, subencarregados, encarregados, chefes de setores e engenheiros (2015, p. 29).

Para realizar o controle da produtividade, havia elementos pedagógicos de violência simbólica que convergiam, que eram utilizados tanto pelas equipes de segurança quanto pelas feitorias, a saber: a ameaça de redução de quadros e a baixa produção (Sessi, 2021). De acordo com o autor, esses eram os argumentos utilizados para que os trabalhadores estivessem submetidos à lógica da produção, evitando atestados médicos, afastamentos, aceitando as longas jornadas, as solicitações de hora-extra, trabalhar em dias de folga.

Os setores de produção da empresa foram montados seguindo um rígido sistema de controle, cabendo aos feitores resolverem as questões de relação de trabalho. A eles se atribuía a tarefa de mediar as complexidades da execução dos trabalhos, mas também as acessavam, por meio de sua atuação, questões pessoais daqueles que estavam ao seu comando. Como exemplo, em abril de 1981, o jornal corporativo das empreiteiras trouxe uma reportagem com o seguinte título: "Feitores e subencarregados, presenças constantes entre os operários da produção" (Informativo Unicon, 15 abr. 1981, p. 4-5). Na reportagem, a partir das entrevistas com subencarregados e feitores, um dos feitores alerta para as questões da segurança e das relações pessoais.

> Digo sempre para os peões terem cuidado, parque se a gente não ficar lembrando, eles se acostumam no serviço, abandonam a atenção e podem cair em algum acidente". Ele considera também muito "importante o diálogo com a turma. Tanto é verdade que posso dizer que conheço os problemas da maioria dos homens da turma (Informativo Unicon, 15 abr. 1981, p. 4).

O aspecto da segurança trataremos mais adiante. Mas o aspecto das relações interpessoais aparece em vários depoimentos como o supra destacado, tanto de subencarregados quanto de feitores.

Mesmo que as empresas tentassem mostrar uma imagem positiva dos seus feitores estes foram partes importantes no quadro da repressão, pois cabia a eles nortear, mediante ameaças, os constantes batimentos de metas em lançamento de concreto. O elemento da violência simbólica nos setores impedia qualquer reclamação dos maus tratos. Os trabalhadores pensavam nas condições oferecidas a eles e seus familiares e desistiam de reclamar de seu chefe imediato (feitor). Vejamos um caso, citado pelo historiador Sessi:

> Assim que iniciaram as contratações para a UNICON, Joaquim foi contratado como ajudante de serviços. Tempos depois, por meio de treinamentos, foi classificado para a função de carpinteiro na construção da barragem central. Ao narrar o relacionamento com os chefes, Joaquim afirma que o feitor "falava que tinha que fazer aquilo, e não podia mudar. Falava que tinha que fazer, que tinha um prazo pra fazer, que ia cair concreto". Desta narrativa, pode-se depreender o receio do trabalhador pelos lugares extremamente altos, aliados aos acidentes que aconteciam rotineiramente no espaço, denominado pelos trabalhadores como "buracão". Se a pessoa era trabalhadora, não havia escolha por melhores lugares, pois todos eram designados para qualquer atividade, em ambiente perigoso ou não (Sessi, 2015, p. 207-208, aspas do original).

A forma narrada pelo autor não deixa dúvidas sobre as condições impostas, e mesmo a função do "feitor", uma função já considerada perversa pelo próprio nome, que indica o controle de trabalhadores escravizados. Manter o nome para a função, em si, já é uma violência contra os trabalhadores.

Em um levantamento de 1208 nomes com funções de chefia ou de funções que organizavam a força de trabalho por meio dos Pedidos de Busca, encontramos 10 nomes de feitores que atuaram nas obras. Os dados se referem apenas ao levantamento de informações, sem termos acesso a eventuais denúncias em relação a esses nomes. Mas a função ia de feitor, puramente, até "feitor de injeção de cimento, feitor de concreteiros, feitor de máquinas", demonstrando o desdobramento da função e o grau hierárquico que assumiram no interior das obras.

Foi o trabalho de Valdir Sessi (2015) que nos chamou atenção para essa função primordial desempenhada dentro do canteiro de obras, especialmente na fase das obras de concretagem, antes da instalação eletromecânica. A hierarquia na conduta dos trabalhos e a forma pela qual os trabalhadores eram submetidos.

O autor discute não apenas a pecha histórica na atribuição dos feitores no interior da Binacional, ainda que fossem contratados pelos

Consórcios de construção ou montagem (Unicon ou Itamon), mas possuíam a anuência nas funções. Por isso consideramos as responsabilidades compartilhadas entre a própria Itaipu, e especialmente as empreiteiras construtoras, que orientavam os trabalhos no sentido do cumprimento de metas. Metas essas que, conforme veremos, aparecem diretamente relacionadas aos acidentes de trabalho resultando em ferimentos, adoecimentos posteriores, eventuais amputações ou deficiências e até mortes.

Partidos, Sindicatos e organismos internacionais – as denúncias e a observação de militantes

Por meio de sua Assessoria Especial de Segurança e Informações (Aesi/Itaipu), a empresa investigou e reprimiu trabalhadores durante as obras de construção e consolidação da infraestrutura, sob a suspeição de "subversão" e "infiltração comunista". Assim, os operários da empresa e os operários das empreiteiras subsidiárias foram monitorados, tiveram seus nomes e ações descritos em "listas sujas" e sofreram repressão política no sentido de coibir e impedir quaisquer possibilidades de organizações reivindicatórias.

Um dos documentos que localizamos trata da atuação das lideranças sindicais e das associações profissionais representativas da classe trabalhadora, em conjunto com os empregados do complexo de Itaipu desde o ano de 1986. O documento apresenta a relação dos nomes dos principais dirigentes do Sindicato dos Trabalhadores na Indústria da Construção Civil de Foz do Iguaçu – Sitracocifoz –, desvendando inclusive suas funções no interior do sindicato. Mas não apenas. Esse Informe, numerado como E/AESI.G/IB/BR/006/[ilegível]/89, intitulado "Atividades Sindicais no Complexo de Itaipu", de 29 de maio de 1989, traz o seguinte dado: "no sentido de melhor compreensão sobre as atividades sindicais junto ao Complexo ITAIPU, este OI relaciona os principais sindicatos e as datas-base dos Acordos Coletivos de Trabalho das respectivas categorias" (Itaipu Binacional, 1989, p. 3).

Salta aos olhos o documento ser de 1989, ano em que houve a primeira eleição presidencial pós-ditadura. Um ano depois da Promulgação da Constituição de 1988 e com dados impressionantes de monitoramento. O acompanhamento vinha desde 1986, ao menos, ano em que o documento informa terem se iniciado as discussões sindicais no interior da empresa.

Ao lado dos nomes dos trabalhadores que se tornaram dirigentes, aparecem anotações manuscritas, indicando SDQ – sem dados de qualificação –, ou uma numeração que nos aparenta ser o número de suas fichas no Serviço Nacional de Informações (SNI). Essa evidência se dá, inclusive, porque o documento foi remetido ao SNI, e demonstra a manutenção das atividades de informações se mantendo em períodos de constitucionalidades democráticas.

Aqui destacamos algo que observamos logo após a saída dos militares da presidência da república, após iniciar-se o Governo de José Sarney em 1985. Documentos a partir desse período, especialmente, aparecem ocasionalmente com essas anotações manuscritas com números ou a sigla SDQ, o que já indica o processo de transição também nos serviços de informações no Brasil. De fato, o processo de transição não indicou o efetivo fim dos órgãos repressivos e de informações, e, mais que isso, parece indicar uma nova sofisticação em relação aos vigiados. Além de listar uma série de outros sindicatos da região de Foz do Iguaçu de representação de categorias, os pontos 4 e 5 evidenciam ainda a manutenção do monitoramento.

> 4. Cabe lembrar que os sindicatos sediados em FOZ DO IGUAÇU/FI atuam junto às demais categorias trabalhadoras da cidade, além do seu envolvimento no Complexo ITAIPU.
>
> 5. Como aspecto relevante, convém salientar que os movimentos reivindicatórios nas empresas envolvidas diretamente com a Hidrelétrica de ITAIPU, atingem a Entidade Binacional de duas maneiras: a primeira, quanto ao repasse dos custos referentes aos reajustes salariais às empreiteiras e, a segunda, a necessidade de assegurar a produção e a transmissão (a cargo de FURNAS) da energia, que atualmente representa 25% (vinte e cinco por cento) do consumo das regiões Sul/Sudeste (Itaipu Binacional, p. 6).

Em outro documento é demonstrada a estrutura sindical decorrente das eleições efetuadas entre os dias 5 e 7 de agosto de 1987 do Sindicato dos Trabalhadores na Indústria da Construção Civil de Foz do Iguaçu – Sitracocifoz. No documento, a diretoria, os suplentes de diretoria, conselho fiscal, os suplentes do conselho fiscal, os suplentes de diretoria, delegados representantes e suplentes dos delegados representantes são apresentadas por nome e empreiteira.

Mas o monitoramento não se detêm apenas em relação aos sindicatos. Também encontramos uma série de documentos relacionados à observação em particular das atuações do Partido Comunista Brasileiro (PCB), referentes ao Partido Comunista Paraguaio (PCP) e à Convergência Socialista (CS), uma organização política de então.

Tais documentos referentes aos partidos comunistas aparecem especialmente na qualificação dos casos de denúncias internacionais, conforme o item a seguir, mas também em demais documentos. Já em relação à CS, o caso de Antônio Fernandes Neto é elucidativo de como a organização da qual fez parte também sofreu monitoramento, seja por meio dele, seja por meio de seus contatos próximos e advogados. Ressaltamos aqui a importância da atuação desse operário. Fernandes Neto aparece listado no trabalho de Silva (2010, p. 148-149). À época, sem contato com o operário, ele foi listado pelas suas iniciais em relação ao monitoramento do Brasil e Paraguai após ser preso atravessando a Ponte da Amizade, que liga os dois países.

O papel de liderança de Fernandes Neto novamente aparece em uma entrevista concedida à Agência Pública, quando narrou as condições de trabalho no interior do canteiro de obras. Ressalta-se que ele é um dos únicos trabalhadores daquela época que falam abertamente sobre esse tema.

> Com a imposição de jornadas diárias de trabalho que chegavam, muitas vezes, a 16 horas ininterruptas, aliadas à precariedade da infraestrutura de segurança, Itaipu se converteu num sem-fim de acidentes, muitos fatais. "O que chamava a nossa atenção era o excesso de acidente de trabalho. Não havia respeito nenhum. Caiu e morreu? Enterra. Era sim, a toda hora", disse Antônio Fernandes Neto, 71 anos, em entrevista à Pública.
>
> Fernandes Neto conta que viu muitas tragédias de perto, porque era técnico em segurança do trabalho de Itaipu. À época, sua equipe chegou a reunir documentos e relatos sobre mortes e acidentes ocorridos na obra. O acervo de dados apontava que até 800 pessoas teriam morrido nas obras. Todos os documentos, porém, diz ele, foram perdidos em dois incêndios "acidentais" (Borges, 2023).

É curioso e sintomático notar que em meio à documentação e ao monitoramento haja tão poucas informações sobre a suposta atuação "comunista" no interior do canteiro de obras. Elas aconteceram, e os documentos a que tivemos acesso indicam isso. Mas a montagem de toda a parafernália dos serviços de informações de Itaipu, contando com pessoal qualificado, equipamentos de cifragem e decifragem de documentos, participação direta no Sistema Nacional de Informações (Silva, J. 2024, no prelo), demonstra que o processo constituído foi, sobretudo, para controlar trabalhadores e evitar especialmente a articulação desses trabalhadores para reivindicação de seus direitos mais elementares. Em meio à documentação, apareceram alguns dados indicando tentativas – e não sabemos se confirmadas e devidamente encaminhadas –, de denúncias em organismos internacionais.

A situação à qual eram submetidos trabalhadores no canteiro de obras recebeu atenção de organizações da classe trabalhadora, e aparecem em meio aos documentos que encontramos ao longo da pesquisa.

Numa reunião do Partido Comunista Paraguaio (PCP), constante do "Informe Nº 0565/81-SI/SR/DPF/PR", o que indica ser da Polícia Federal do Paraná, em Foz do Iguaçu, mas que teve origem no Centro de Informações da Marinha (Cenimar), datada de 14 de julho de 1981, na qual não apresentamos o título porque envolve nomes de pessoas monitoradas, foi discutido o teor de denúncias em relação à Itaipu. De acordo com o Informe, o Partido discutia as condições de trabalho "equivalente ao tempo de guerra". É curioso notar que o movimento já discutia algo enunciado pela própria Binacional supra, com a mesma nomenclatura: a guerra. Temos então dois organismos discutindo o mesmo teor para as operações de força de trabalho no interior do canteiro de obras: "guerra".

O documento segue informando que o PCP apontava que os acordos internacionais constantes da Organização Internacional do Trabalho (OIT) não eram cumpridos, que em quatro anos morreram mais de mil trabalhadores em acidentes de trabalho, baixos salários, excesso de barulho, comprometendo a saúde de trabalhadores e possivelmente familiares que viviam nas vilas operárias.

Todas as condições precárias supramencionadas vêm sendo discutidas pelas autoras em outros trabalhos. Todavia, algo importante trazido aqui é que um dos membros da reunião possuía contato direto com diretores da OIT. A preocupação apresentada no documento se refere a possíveis denúncias internacionais "contra as empresas multinacionais em ITAIPU que se aproveitam do sistema político e da corrupção reinante no Governo STROESNER (sic), para se beneficiarem e consequentemente prejudicarem os trabalhadores paraguaios nas obras de ITAIPU" (Brasil, DPF/PR, 14 jul. 1981, p. 3).

A proposta do partido, de acordo com o informe, é que fosse formada uma comissão de alto nível para analisar o não cumprimento de legislações trabalhistas. Mas a suposta denúncia na OIT não foi a única que encontramos em meio à documentação. Há dados também sobre o Tribunal Bertrand Russel. No "Memorando N° 0834" de 22/04/1975 elaborado pelo chefe de Gabinete do SNI e distribuído ao Chefe da Agência Central do mesmo órgão encontramos a seguinte informação:

> 5. Na segunda semana de JAN 75 deslocou-se de PARIS para a BÉLGICA o dirigente da ALN, [nome omitido], responsável pela edição de "DEBATE", órgão de divulgação da ALN. O objetivo da viagem foi o de representar a esquerda revolucionária brasileira nos trabalhos do TRIBUNAL BERTRAND RUSSELL II, contra o BRASIL.

> - Em meados de FEV 75, [nome omitido] viajou para BUENOS AIRES levando o resultado do "julgamento" do BRASIL por aquele Tribunal e, em nome desse mesmo Tribunal e da FBI – FRENTE BRASILEIRA DE INFORMAÇÕES objetivava estabelecer na ARGENTINA um clima hostil ao BRASIL, principalmente combatendo o Tratado de ITAIPU (p. 8).

O informe ainda explicita a condenação do Brasil, Chile, Bolívia e Uruguai em janeiro de 1975 no Tribunal, em Bruxelas.

É importante notar que as condições de trabalho precarizadas já apareciam em documentos de 1975, como o "Como vivem os Operários da Represa", que será discutido no item a seguir, e se mantiveram em documentos de anos posteriores, como no "Relatório sobre a visita à Obra de Itaipu", do Conselho de Segurança Nacional de 1978. Ainda que a Itaipu alegue ter redimensionado e contribuído para a regulamentação sobre acidentes de trabalho, ela própria demonstra a manutenção do problema, especialmente, da intensificação dos trabalhos em Itaipu, quando as obras atingem o auge da construção com mais operários trabalhando.

As habitações, a insalubridade e os acidentes: a responsabilidade empresarial

A precariedade das condições de habitações já apareceu em várias denúncias que discutimos anteriormente. Mas é necessário compreender a estrutura de moradia para entendermos as condições às quais milhares de trabalhadores foram submetidos.

Para que se iniciassem os trabalhos de construção da hidrelétrica, a Binacional optou por construir habitações para trabalhadores, de forma que eles tivessem condições de residir em Foz do Iguaçu ou na antiga Puerto Coronel Stroessner, atual Ciudad del Leste (Paraguai). Até porque não existiam casas para o volume de trabalhadores que viriam para essas cidades. As questões das habitações no Paraguai não serão discutidas neste relatório. Mas destacamos que brasileiros, atuando para Itaipu, também residiram do lado paraguaio durante o processo de construção, ainda que eventualmente seus vínculos fossem com empreiteiras paraguaias.

As moradias foram construídas em três níveis distintos, sendo Vila A para engenheiros, vila B para o pessoal técnico e Vila C para as moradias de operários da construção. Além disso, havia os barracões para trabalhadores provisórios.

Para efeitos deste artigo nos interessa destacar um documento já divulgado que merece destaque aqui para discutir as habitações e a insalubridade. "Como vivem os Operários da Represa" foi uma reportagem do jornalista Caco Barcelos e do fotógrafo Luís Abreu em publicação no jornal *Folha da Manhã* em 5 de junho de 1975.

A reportagem redundou num documento com o mesmo título. Trata-se da Informação N.º 33/399/75 de 13/10/1975 produzida pela Divisão de Segurança e Informações do Ministério das Minas e Energia (DSI/MME), com difusão para a Secretaria Geral do Conselho de Segurança Nacional (SG/CSN), e nos traz informações bastante graves sobre as condições de habitação, chegando a mencionar diversas precariedades, relacionadas a falta de água, insuficiência nas instalações e mesmo problemas em relação à alimentação. É um documento do período de início da construção, quando as condições inadequadas eram frequentes e nos levam ao questionamento sobre a forma como eram tratados pela empresa.

O documento mencionado nos relata como eram as condições oferecidas pelas subempreiteiras contratadas da obra, e que construíam as casas para habitação dos trabalhadores. É impressionante a quantidade de empreiteiras nesse projeto de construção de moradias. São listadas seis empreiteiras, e somente duas não subempreitaram as obras. Assim, temos um total de 26 empreiteiras atuando direta ou indiretamente para Itaipu. Trazemos aqui apenas os casos relacionados a habitação, higiene, alimentação, sem mencionar demais questões que não estão sob nosso foco.

> 6.1. – A ADOLPHO LINDENBERG S/A, inicialmente, apresentou problemas de toda a ordem. Com a mudança do engenheiro residente melhorou consideravelmente, apresentando atualmente o seguinte aspecto:
>
> - alojamentos de boa qualidade;
>
> - sanitários: de boa qualidade, inclusive com chuveiro elétrico;
>
> - alimentação: de boa qualidade, embora não seja farta;
>
> - salários: pagamento feito com regularidade, não havendo reclamação quanto a atrasos (Brasil, CSN, 13 out. 1975, p. 197).

A Adolpho Lindenberg era a empreiteira na qual morreu um trabalhador espancado e depois baleado na fila de alimentação, e, ao que o documento indica, não sofreu nenhum tipo de sanção. Há duas situações muito graves relatadas supra. A primeira é a alimentação não ser farta. Embora não entre em minudências, a falta de alimentação é, de fato, um problema no canteiro de obras de qualquer empresa, especialmente por se tratar de uma obra da construção civil, em que os trabalhadores precisam de mais alimentos para conseguirem desempenhar o trabalho pesado.

Mas é notório, e este é o segundo aspecto, a relação que trazem dos demais serviços a serem oferecidos, especialmente porque essas condições eram elementares, e não um favor aos empregados da empreiteira.

Em relação à empreiteira Regional São Paulo, os dados aparecem da seguinte forma:

> 6.2. – A REGIONAL SÃO PAULO S/A vem apresentando algumas deficiências, mencionando-se o que se segue:
>
> - alojamentos: não são de boa qualidade, as camas são rudimentares e não há uma boa higienização do ambiente;
>
> - sanitários: de boa qualidade ainda que a falta d'agua não permita higiene compatível;

- alimentação: de boa qualidade, atendendo às necessidades básicas do homem;

- salários: várias queixas no Ministério do Trabalho pelo não cumprimento das obrigações a contento (Brasil, CSN, 13 out. 1975, p. 198).

O problema da insalubridade do ambiente de moradia, a falta d'agua e os problemas de pagamento se coadunam exatamente com queixas discutidas pelo Partido Comunista Paraguaio mencionado anteriormente, e que levaram às denúncias nos organismos internacionais.

As demais empreiteiras listadas, como a Góes Cohabita Construções S/A, por exemplo, aparecem listadas atendendo as condições mínimas, ainda que não se detalhe nos documentos o que seria exatamente mínimo. Mas efetivamente elas se diferem das demais.

A empreiteira Empresa Industrial Técnica também foi outra que transpareceu problemas no informe. Segundo ele,

6.5. A EMPRESA INDUSTRIAL TÉCNICA S/A também apresentou, inicialmente, uma série de problemas. Atualmente, está nas seguintes condições:

- alojamentos: não possuem as condições mínimas de atendimento, não permitindo higienização conveniente;

- sanitários: bem instalados e relativamente higiênicos;

- alimentação: não é de boa qualidade e a cozinha é mal instalada, não possuindo as condições mínimas de higiene;

- salários: houve, no começo, reclamações quanto à forma de pagamento mas, atualmente, não têm surgido queixas a respeito (Brasil, CSN, 13 out. 1975, p. 199).

Notemos as condições precárias oferecidas pela empreiteira, com a ciência do Ministério das Minas e Energia. Mas é importante trazer também a informação de que ele se encontra na base de dados da Secretaria Geral do Conselho de Segurança Nacional (SG/CSN), disponível no Arquivo Nacional, o que nos indica a gravidade da situação.

O Conselho compunha o Sistema Nacional de Informações (Sisni), e há dados indicando que a Aesi Itaipu/Brasil compunha o organograma nacional, ao menos a partir de 1978. Ainda que a Aesi não estivesse nesse período compondo o Sisni, o Conselho era membro desse organismo, e demonstra um conhecimento em órgãos superiores. Isso significa que a situação era de conhecimento da Itaipu.

As condições precárias de sobrevivência concorrem para agravar a situação de acidentes de trabalho. Além da documentação do Arquivo Nacional, também contamos com algumas fichas de trabalhadores do Consórcio Unicon, dando uma dimensão bastante preocupante em relação aos acidentes. Infelizmente, conseguimos acesso apenas a um número reduzido desse tipo de documentos.

Embora não transpareça na memória oficial de Itaipu, havia efetivamente um planejamento e controle da Itaipu em relação aos materiais utilizados. Em que pese a memória da região registrar um grande número de acidentes e mortes de trabalhadores, não conseguimos provar essa situação.

Ao analisarmos imagens da época no site Memória Rondonense (de um jornalista de uma localidade atingida diretamente pela construção da barragem), encontramos diversas imagens em que trabalhadores não estavam com equipamentos, nem roupas adequadas.

Figura 1 – Trabalhadores da construção civil 1

Fonte: Memória Rondonense. Itaipu em Fotos, criação em 4 fev. 2019

Figura 2 – Trabalhadores da construção civil 2

Fonte: Memória Rondonense. Itaipu em Fotos, criação em 4 fev. 2019

Figura 3 – Trabalhadores da construção civil 3

Fonte: Memória Rondonense. Itaipu em Fotos, criação em 4 fev. 2019

Nas imagens, vemos trabalhadores em altitude superior a 2 metros, sem uso de cinto tipo "trava-queda", recomendado em normas desde 1978, ao menos. Sem esses cintos, conforme manuais de Segurança do Trabalho, em caso de quedas de altitudes, os trabalhadores podem sofrer lesões graves na coluna, gerando paralisias parciais ou totais de membros. E não eram usados nas imagens analisadas. Pelo exame de fotografias, percebermos que nem todos os trabalhadores usavam capacetes na construção. A regulamentação para uso de tais equipamentos aparece na Norma Regulamentadora N.º 6 de 06/07/1978, explicando que:

> I – EPI PARA PROTEÇÃO CONTRA QUEDAS COM DIFERENÇA DE NÍVEL
>
> I.1 – Cinturão de segurança com dispositivo trava-queda para proteção do usuário contra quedas em operações com movimentação vertical ou horizontal.
>
> I.2 – Cinturão de segurança com talabarte:
>
> a) cinturão de segurança com talabarte para proteção do usuário contra riscos de queda em trabalhos em altura; e
>
> b) cinturão de segurança com talabarte para proteção do usuário contra riscos de queda no posicionamento em trabalhos em altura.

Já a Norma Regulamentadora N.º 18 de 06/07/1978 ainda regulamenta a necessidade de uso das cadeiras suspensas, com as seguintes especificações:

> Cadeira suspensa
>
> 18.12.43 Em qualquer atividade que não seja possível a instalação de andaime ou plataforma de trabalho, é permitida a utilização de cadeira suspensa.
>
> 18.12.44 A cadeira suspensa deve apresentar na sua estrutura, em caracteres indeléveis e bem visíveis, a razão social do fabricante/importador, o CNPJ e o número de identificação.
>
> 18.12.45 A cadeira suspensa deve:
>
> a) ter sustentação por meio de cabo de aço ou cabo de fibra sintética;

b) dispor de sistema dotado com dispositivo de subida e descida com dupla trava de segurança, quando a sustentação for através de cabo de aço;

c) dispor de sistema dotado com dispositivo de descida com dupla trava de segurança, quando a sustentação for através de cabo de fibra sintética;

d) dispor de cinto de segurança para fixar o trabalhador na mesma.

18.12.46 A cadeira suspensa deve atender aos requisitos, métodos de ensaios, marcação, manual de instrução e embalagem de acordo com as normas técnicas nacionais vigentes.

18.12.47 O trabalhador, quando da utilização da cadeira suspensa, deve dispor de ponto de ancoragem do SPIQ independente do ponto de ancoragem da cadeira suspensa.

Relatos e imagens demonstram a falta de segurança no canteiro de obras. Não por acaso, são recorrentes, tanto em Foz do Iguaçu como no Paraguai, os relatos de muitas mortes. Os relatórios acerca da atuação do PCP e mesmo o depoimento de Antônio Fernandes Neto mencionados em itens anteriores corroboram a situação de falta de equipamentos adequados.

> *A ocorrência de acidentes de trabalho e doenças ocupacionais está intimamente ligada ao processo de exploração do trabalho, o que se evidencia ainda mais em tempos de crise no sistema capitalista, comumente superadas com o aumento da extração do sobretrabalho, da redução das medidas preventivas, de afrouxamento da fiscalização e demais favorecimentos das necessidades do capital. Durante a ditadura militar brasileira, o Estado passou a assumir as obrigações de fiscalizar empresas, formar profissionais na área de higiene e segurança do trabalho, indenizar, fornecer auxílios e/ou aposentar trabalhadores incapacitados para o trabalho, bem como reabilitar e redirecionar trabalhadores previamente incapacitados para o mercado de trabalho. Estas atuações fazem parte de um processo global de regulação estatal dos conflitos sociais, nos quais o Estado se coloca como pretenso intermediário "neutro" nos conflitos entre capital e trabalho, a fim de conservar a base econômica da exploração capitalista* (Silva, 2015, p. 161).

A ocorrência dos acidentes em Itaipu não passou ao largo do que foi em todo o país. Considerando o contexto de crise que Silva se referiu supra, o contexto de superexploração da força de trabalho, temos a dimensão de que a atuação em relação à classe trabalhadora na Ditadura perpassou também o processo de substituição de mão de obra como forma de controle.

Os dados do Informativo Unicon dão a dimensão da atuação empresarial em relação à responsabilização individual dos trabalhadores. Todos os nove subencarregados ou feitores entrevistados atestam questões pessoais dos trabalhadores como questão primordial no processo de segurança do trabalho: "o feitor fica sempre sabendo dos problemas pessoais dos trabalhadores. 'Se o peão estiver com alguma dificuldade, a primeira pessoa que sobe é o feitor, pois, normalmente ele treme e 'ao consegue falar com outro chefe'" (Informativo Unicon, 15 abri. 1981, p. 4, aspas do original).

Um subencarregado também entrevistado para o Informativo diz que "o feitor, ao procurar saber dos problemas eventuais dos peões, pode evitar acidentes, já que a preocupação leva à distração e esta, ao acidente" (Informativo Unicon, 15 abri. 1981, p. 4).

A culpabilização da vítima é a questão fundamental com a qual nos deparamos. Não se apresentam as condições de trabalho no Informativo Unicon – embora todos os entrevistados atestassem utilização de equipamentos de proteção, e só um deles garantisse que sua turma não tivesse registro de acidentes – nem as condições excessivas das jornadas impostas ou motivos pelos quais os trabalhadores se acidentassem. A Ditadura deteriorou as condições impostas ao trabalhador. Ana Beatriz Silva (2016) explica o crescimento dos acidentes.

> *Um estudo do Dieese demonstrou, em dez anos de ditadura militar, o crescente número de categorias profissionais que tiveram perdas salariais: em 1974, impressionantes 46% registraram perda superior a 30% em seu salário. O poder aquisitivo do salário mínimo passou a sofrer crescente e significativa desvalorização, chegando ao ponto de, em 1976, atingir apenas 31% de seu valor em 1959. Consequentemente, se em 1959 eram necessárias 65 horas e 5 minutos de trabalho para comprar a ração alimentar mínima, em 1974 eram necessárias 163 horas e 32 minutos de trabalho para adquirir a mesma quantia. Por conseguinte, como o salário perdia mais valor a cada dia, o trabalhador tinha que trabalhar mais do que o dobro de horas para garantir a mesma ração mínima, enquanto as empresas eram*

> *beneficiadas através da acumulação acentuada pelo aumento da produtividade e pelo arrocho salarial. Não por acaso, a média diária de trabalho no Brasil passou a ser de 14 horas, pois a extensão da jornada, com o acúmulo de horas extras, foi uma das estratégias encontradas pelos trabalhadores para garantir sua sobrevivência, que, em contrapartida, aumentava as taxas de acumulação de capital das empresas* (Silva, 2016, p. 92-93).

Cotejando os dados apresentados pela autora, ao mesmo tempo que cruzamos com os dados publicados no Informativo Unicon, conseguimos compreender como os "problemas pessoais" concorreram para o número alarmante de acidentes.

Tomamos tais indicativos, como exemplo no ano de 1981, somente para o quadro do Consórcio Unicon. Naquele ano, para o dia 17 de dezembro, segundo dados da ficha do trabalhador AAS morto em acidente no canteiro de obras, havia 3.802 acidentes de trabalho. Se catalogarmos os dados das outras empresas os números seriam mais elevados.

Assim, sua ficha nos indica que, num total de 351 dias do ano de 1981, temos quase dez acidentes por dia. Mas, para o cálculo geral fornecido por Itaipu, apresentado no início deste artigo, de 43.530 acidentes em seis anos, praticamente o número dobra. O cálculo que realizamos é superficial, e não indica que seja fidedigno, pois não temos à mão todas as variáveis necessárias. Trata-se de uma inferência, já que não pudemos acessar o conjunto documental de Itaipu ou das empreiteiras das obras, posto que a empresa não nos permitiu acesso ao seu centro de documentação.

A partir de tais informações, comparando com imagens, é possível concluir que os equipamentos não eram adequados o suficiente para prevenir acidentes graves e mesmo óbitos. Além disso, as horas dispensadas em treinamento de prevenção a acidentes de trabalho eram inferiores aos demais cursos oferecidos por Itaipu aos trabalhadores.

Considerando dados díspares em relação aos acidentes, é necessário verificar se esses dados se coadunam com o considerado desejável num canteiro de obras, e, além disso, as repercussões na vida dos trabalhadores acidentados ao longo de suas vidas, ou mesmo mortos.

Os dados encontrados na base documental do Conselho de Segurança Nacional nas rotineiras visitas dos agentes ao canteiro de obras indicam que o índice de gravidade de acidente em Itaipu era inadequado para a obra.

Itaipu educadora: *modus vivendi* e estrutura produtiva

Antonio Gramsci, que vivenciou e ajudou a construir as experiências dos conselhos de fábrica e conselhos operários dos inícios dos anos 1920 na Itália, concluiu, em sua obra carcerária, sobre a importância da relação entre o modo de vida e a estrutura produtiva. Essa discussão de eternizou no seu Caderno 22: *Americanismo e fordismo*. Nessa obra ele mostra como o desenvolvimento do capitalismo nos moldes imperialistas do século XX necessitava moldar o(a) trabalhador(a) (americanismo), por meio de um então moderno sistema produtivo, o fordismo (Gramsci, 2001).

O projeto fordista inclui formas coercitivas de moldar a vida dos trabalhadores, atuando também no campo da subjetividade, mas impondo forçosamente onde ele poderia viver, os horários de trabalho, os espaços e horários de lazer. Esse modelo que acompanhou a relação entre modo vida e relação de trabalho no início do século é reproduzido nas chamadas "vidas operárias", modelo muito similar ao que foi colocado em prática por Itaipu. As "Vilas" de Itaipu estabeleciam detalhadamente os espaços e momentos de trabalho, de lazer, de vida familiar, de controle. O transporte era fornecido pela empresa por meio de ônibus lotados, onde trabalhadores eram empurrados para entrarem a fim de caber mais quantidade de pessoas exprimidas. As horas eram dobradas nas "dobras" impostas pelos feitores sob ameaça de perda de emprego. Havendo qualquer denúncia de "desordem" no espaço residencial, assistentes sociais, psicólogas e segurança armada entravam em ação, não necessariamente nessa ordem nem em conjunto articulado.

O outro aspecto do americanismo é a ação do "estado educador", que cria/molda o trabalhador. A chamada americanização "exige um determinado ambiente, uma determinada estrutura social (ou a decidida vontade de criá-la) e um determinado tipo de Estado" (Gramsci, 2021, p. 259). Esse é o sentido da pesquisa realizada pela historiadora Denise Sbardelotto, que mostra o projeto educativo de Itaipu como um projeto de "discriminação de classe" (2022). A autora mostra que havia projetos educacionais diferenciados, em busca da "hegemonia burguesa – capitalista sobre os operários" (2022, p. 129), o que era realizado em consonância com o Estado.

Segundo a pesquisa do historiador Manarim, o conjunto A,

> [...] planejado para 2.200 unidades residenciais no período de 1979/80, destinava-se ao trabalhador de nível médio e de

estado civil casado. O conjunto B ao pessoal de nível superior e possui 185 casas. Após a conclusão da obra, esse conjunto estava planejado para permanecer ocupado pelos funcionários de Itaipu. O conjunto C, o mais próximo do Canteiro de obras, também se destinava aos casados, geralmente serventes. Chegou a 2.900 casas (Manarim, 2008, p. 16).

Durante nossa pesquisa percebemos que embora originalmente devessem ser destruídas, essas casas seguem sendo habitadas de formas criativas pelos moradores. Como se trata de uma estrutura de barracão em blocos de concreto, as casas têm limitada circulação de ar, sendo mesmo uma estrutura para armazenamento. Visitamos, e entrevistamos em 2022[25], moradores vítimas de acidente na construção que resolveram um pouco desse dilema construindo as cozinhas nas varandas, de modo a receber mais ar e luz solar, embora fiquem mais indefesos contra animais e insetos.

Outro artifício é plantar muitas árvores no pátio, o que além de gerar sombra e proteção, produz frutos e flores que tornam a vida mais agradável e o calor de Foz do Iguaçu mais tolerável. Ressalte-se que desde 1990 a Itaipu deixou de administrar esses espaços (Sbardelotto, 2022, p. 172), dando preferência de compra aos ex-trabalhadores. As casas se tornaram parte de um bairro da cidade, havendo uma estrutura de atendimento a saúde, saneamento, escolas etc.

Foi necessária a intervenção do Ministério Público para resolver o caso de 501 habitações da Vila C, pois a empresa criada para organizar a venda das casas não repassou a verba para a Caixa Econômica Federal (Jesus, 2010, p. 13). Ou seja, mais um indício de que nos negócios envolvendo Itaipu muitas vezes houve empresas tentando faturar valores extras, não levando adiante os compromissos, sempre que era possível, e sempre prejudicando os trabalhadores, nesse caso "embora tivessem pagado os direitos pela casa para a COAHFRONTEIRA" (Jesus, 2010, p. 13).

O fato é que os trabalhadores vinham atraídos pela ideia de progresso, e chegando ao local de trabalho as dificuldades eram imensas. A diferença entre a propaganda e a realidade era grande. Jesus cita um trabalhador entrevistado por ele, que explica que já havia trabalhado em outra usina onde foi feita a divulgação de Itaipu "e as firma tudo vinha por causo da propaganda: a usina maior do mundo, né? E "nóis viemo" construí essa grandeza ai do país" (Sr. Valdizar *in*: Jesus, 2010, p. 47). A

---

[25] Entrevistas ainda sob sigilo, entregues ao Ministério Público Federal.

situação de pobreza e trabalho relativamente fácil de conseguir escondia a dureza das condições reais de trabalho e de vida.

Durante a construção da usina os espaços da Vila eram usados também para a educação para o trabalho. Ações conjuntas com o Senai e Senac eram oferecidas às famílias, com intervenção do serviço social de Itaipu. Atividades extraclasse, noções de educação em convívio social preparavam sobretudo os meninos para o trabalho, como mostrou Sbardelotto (2022, p. 168). Como a autora ressalta, o próprio jornal da empresa enfatizava que em 1982 a Vila tinha mais população que uma das cidades alagadas pela formação do reservatório de Itaipu, no caso Itacorá (Sbardelotto, 2022, p. 160).

A visão do projeto de Itaipu como um projeto de classe aparece também na visão do historiador Jacob Blanc (2021), que aponta práticas racistas e classistas na política levada adiante pela empresa, em consonância com órgãos estatais que tomaram conta das expropriações dos proprietários, posseiros e indígenas. O fato é que a organização do *modus vivendi* envolvia a população, sobretudo as famílias dos trabalhadores que tinham acesso à educação por meio das escolas instaladas nas vilas, assim como acesso à saúde nos postos de saúde. Responder aos questionários das assistentes sociais que controlavam a vida social dentro das vilas, consideradas "terras de Itaipu", era apenas um elemento a mais na vida difícil. Afinal, na pequena cidade transformada, os trabalhadores da empresa tinham prioridade de atendimento muitas vezes nos serviços públicos para poderem estar logo prontos a voltarem ao trabalho "grandioso". A imprensa interna de Itaipu era muito eficiente em consolidar a lógica dos "operários padrões", e que desempenhavam também no time de futebol da empresa, e em outras atividades desportivas. O *modus vivendi* vinculado à empresa duraria enquanto a construção necessitasse daquela mão de obra.

Considerações finais

Partimos da documentação e entrevistas concedidas a jornais para analisarmos as condições precárias de vida fornecidas aos trabalhadores de Itaipu. Em todos os documentos que analisamos, tivemos mais informações sobre o controle sistemático da mão de obra que sobre os eventuais "comunistas" que atuaram na Binacional. É um elemento notável, quando se pensa que os serviços de informações se constituíram para realizar a caçada aos "comunistas", aos "subversivos".

A estrutura repressiva observou de perto os trabalhadores, suas condições de vida precárias, e também as empreiteiras subsidiárias da obra, demonstrando a anuência de Itaipu e do Estado Brasileiro no controle sobre os trabalhadores, por um lado, e por outro suas boas relações com os empresários.

As evidências nos mostram o papel cumprido pelos militares, incluindo os que atuaram em Itaipu, seja nas suas Assessorias de Segurança, seja na direção da entidade, garantindo a empresários condições de extrair os níveis mais altos de mais-valia daqueles trabalhadores. De jornadas extensas, falta de equipamentos adequados, alimentação insuficiente, alojamentos insalubres, com barulho e falta de água, atrasos de pagamentos, tudo concorreu para o aumento de acidentes e maior lucratividade de empreiteiras.

Temos, por certo, que estamos distantes de conhecer os meandros de toda a operação montada, especialmente porque Itaipu nunca entregou sua documentação ao Arquivo Nacional, e nem franqueia acesso a pesquisadores na documentação. Os poucos que acessaram dados foram de forma parcial, e muitos relatam controle de acesso.

Mas a clareza da necessidade de que todas as pessoas, sejam trabalhadores, vitimados, familiares, pesquisadores ou demais interessados, possam acessar a documentação é urgente. Ainda que haja legislação, a constante tutela do Estado Brasileiro e a permanência, 60 anos depois do Golpe de 1964 e 50 anos depois de iniciadas as obras em Itaipu, da presença de militares realizando o controle sobre os civis, e empresas privadas permanentemente promovendo condições insalubres para seus trabalhadores, nos dá o tom da necessidade de discutirmos permanentemente o que resta da ditadura empresarial-militar e como vamos colocar fim a tantos problemas negligenciados por décadas.

Aprofundarmos a compreensão sobre as condições impostas, a forma estabelecida dos *modus vivendi*, o controle sobre a formação e a atuação rotineira das empresas na vida – e mesmo na morte e acidentes – desses trabalhadores amplia a dimensão de como o capital ensejou o controle de classe, sob múltiplas formas, perpassando a obra, mas também como se habitava, como se interagia socialmente e como as formas de repressão se impuseram no cotidiano.

Referências

Fontes

BRASIL. Conselho de Segurança Nacional. Relatório sobre a visita à Obra de Itaipu. 1978. **Arquivo Nacional**, Fundo Conselho de Segurança Nacional.

BRASIL. Delegacia da Polícia Federal do Paraná. **Informe Nº 0565/81-SI/SR/DPF/PR**. 14 jul. 1981. **Arquivo Nacional**, fundo Delegacia da Polícia Federal.

BRASIL. Serviço Nacional de Informações. **Memorando Nº 0834** de 22 abr. 1975. **Arquivo Nacional**, fundo Serviço Nacional de Informações.

ITAIPU BINACIONAL. **Concretagem.** 25 mar. 2010. Disponível em: https://www.itaipu.gov.br/energia/concretagem#:~:text=Em%20um%20%C3%BAnico%20dia%2C%20o,opera%C3%A7%C3%A3o%20de%20guerra%20foi%20montad. Acesso em: 24 mar. 2024.

ITAIPU BINACIONAL. **Curiosidades.** 2016c. Disponível em: https://turismoitaipu.com.br/a-usina-itaipu/curiosidades/. Acesso em: 24 mar. 2024.

ITAIPU BINACIONAL. **Atividades sindicais no complexo de Itaipu**. 29 maio 1989. Arquivo Nacional, Fundo Serviço Nacional de Informações.

INFORMATIVO UNICON. Ano VI, nº 69, Canteiro de Obras de Itaipu. Edição 15 abri. 1981.

MEMÓRIA RONDONENSE. **Itaipu Binacional em Fotos**. Disponível em: http://www.memoriarondonense.com.br/galeria-single/itaipu-binacional-em-fotos/24/. Acesso em: 29 maio 2023.

BRASIL; PARAGUAI. **Tratado de Itaipu**. Promulga o Tratado entre a República Federativa do Brasil e a República do Paraguai, para o Aproveitamento Hidrelétrico dos Recursos Hídricos do Rio Paraná, Pertencentes em Condomínio aos dois Países, desde e inclusive o Salto Grande de Sete Quedas ou Salto de Guaira até a Foz do Rio Iguaçu, bem como as seis Notas trocadas entre os Ministros da Relações Exteriores dos dois países. Disponível em: https://www.itaipu.gov.br/sites/default/files/u13/tratadoitaipu.pdf. Acesso em: 31 mar. 2024.

Bibliografia

BARCELLOS; ABREU. Itaipu: como vivem os operários da represa. **Folha da Manhã**, 13 out. 1975. Documento disponível na base de dados do Arquivo Nacional sob número br_dfanbsb_n8_0_psn_est_0521_d0001de0001.pdf.

BARROS JÚNIOR. Trabalho é vida. In: Mercado de trabalho: conjuntura e análise: **Revista IPEA**, fev. 2001. Disponível em: https://repositorio.ipea.gov.br/bitstream/11058/5692/1/bmt_n.15_trabalho.pdf. Acesso em: 30 mar. 2024.

BLANC, Jacob. **Antes do dilúvio**: Itaipu e a história da ditadura no campo. RJ, Garamond, 2021.

BORGES, André. Itaipu na ditadura: Mais de 100 operários mortos e 43 mil acidentes. **Agência Pública,** 19 junho 2023. Disponível em: https://apublica.org/2023/06/itaipu-na-ditadura-mais-de-100-operarios-mortos-e-43-mil-acidentes-na-construcao/. Acesso em: 31 mar. 2024.

BRASIL. Ministério do Trabalho. **Norma Regulamentadora Nº 6.** 06 jun. 1978.

GRAMSCI, Antonio. **Caderno do cárcere**; Volume 2. Rio de Janeiro: Civilização Brasileira, 2001.

JESUS, Rodrigo Paulo. **De "Vila operária" a bairro de trabalhadores:** processo de constituição do bairro Vila "C". 1977 a 2008. 2010. Dissertação (Mestrado em História) – Unioeste, PPGH, 2010.

MANARIN, Odirlei. **Peões da barragem.** Memórias e relações de trabalho dos operários da construção da Hidrelétrica de Itaipu – 1975 a 1991. 2008. Dissertação (Mestrado em História) – Unioeste, PPGH, 2008.

SBARDELOTTO, Denise Kloeckner. **Educação e discriminação de classe em Itaipu.** 1974-1985. Curitiba: CRV, 2022.

SESSI, Valdir. **O Povo do Abismo:** trabalhadores e o aparato repressivo durante a construção da hidrelétrica de Itaipu (1974-1987). 2015. Dissertação (Mestrado em História) – Unioeste, Marechal Cândido Rondon, 2015.

SESSI, Valdir. Trabalhadores na construção da Hidrelétrica de Itaipu (1974-1985): a fronteira entre o trabalho e os mecanismos simbólicos de controle. **Recima21 - Revista Científica Multidisciplinar,** *[s. l.],* v. 2, n. 3, 2021. Disponível em: https://recima21.com.br/index.php/recima21/article/view/145. Acesso em: 23 jun. 2023.

SILVA, Ana Beatriz Ribeiro Barros. Brasil, o "campeão mundial de acidentes de trabalho": Controle social, exploração e prevencionismo durante a ditadura empresarial-militar brasileira. **Revista Mundos do Trabalho**, n. 7, v. 13, p. 151-173, 2015.

SILVA, Ana Beatriz Ribeiro Barros. **O desgaste e a recuperação dos corpos para o capital**: Acidentes de trabalho, prevencionismo e reabilitação profissional durante a ditadura militar brasileira (1964-1985). 2016. Tese (Doutorado em História) – Universidade Federal de Pernambuco, Pernambuco, 2016.

SILVA, Jussaramar da. **Estrutura repressiva da Itaipu:** engrenagem de controle sobre a classe trabalhadora (1974-1987). *No prelo.*

SILVA, Jussaramar da. **Usina de Itaipu e a Operação Condor**: o outro lado das relações bilaterais Brasil-Paraguai (1974/1987). 2017. Dissertação (Mestrado em História) – Pontifícia Universidade Católica de São Paulo, São Paulo, 2017.

PODER E *IDEOLOGIA 1964*: O ANTICOMUNISMO EMPRESARIAL-MILITAR NO BRASIL E NA GUERRA FRIA GLOBAL – DO GOLPE AO TERRORISMO DE ESTADO BONAPARTISTA (1961-1988)

Rodolfo Costa Machado
Antonio Rago Filho

Introdução

O capítulo destaca o poder ideológico do anticomunismo-empresarial-militar na conspiração contra as Reformas de Base trabalhistas e o governo do presidente da República João Goulart (1961-1964). Demonstra o móvel histórico e o objetivo-mor dos conspiradores: desarmar a mobilização das classes populares e trabalhadoras urbanas e rurais, a fim de reverter/derrogar seus direitos trabalhistas e conquistas políticas, sindicais e socioeconômicas. Inicia analisando a ação política dos *think tanks* do complexo Ipês/Ibad, que, em guarda contra o "perigo vermelho" e o "varguismo democrático de massas", configuraram a vanguarda das classes dominantes na conspiração e golpe de Estado de 1964, coesionando conservadores, liberais e reacionários. Do período da conspiração, destacam-se um desconhecido nexo do Ipês com Wladimir Lodygensky, ex-colaborador nazista e espião a serviço dos EUA, e outra conexão político-econômica em regra ignorada: a mobilização anticomunista industrial-militar para uma guerra civil contra Jango organizada pela Federação das Indústrias e as forças militares e policiais do Estado de São Paulo (GPMI). Do golpe à ditadura instituída, sumaria-se, na sequência, a *Ideologia 1964* em seu binômio *Segurança Nacional* e *Desenvolvimento* – a estrutura ideológica da autocracia burguesa bonapartista (1964-1985) –, destacando suas vertentes constitutivas: os *castelistas* e a *linha dura*.

Ademais, dois casos pioneiros de internacionalização da extrema-direita brasileira na Guerra Fria são retratados: na Liga Mundial Anticomunista (WACL) e na Operação Condor. Ao fim, destaca-se como, praticando uma intentona golpista e uma série de atentados à bomba, a *linha dura* bonapartista combateu o projeto geiseliano de autoanistia/autorreforma da ditadura: a distensão como a "Revolução de 1964" *traída*. Circunscreve-se como esse ideário *durista* do bonapartismo de 1964 vertebra a cosmovisão bolsonarista, concluindo pela importância de revisitar a *Ideologia 1964* não apenas à luz da intentona bolsonarista de 8 de janeiro de 2023, mas como a parteira e animadora de seu projeto militar-empresarial anticomunista: golpismo e o estado de exceção permanentes.

A máquina de guerra golpista: a conspiração empresarial-militar-anticomunista contra o trabalhismo e a classe trabalhadora – labirintos do complexo Ipês/Ibad/ESG/Fiesp (1961-1964)

As lutas sociais e políticas de classes que marcaram o contexto histórico anterior ao golpe de Estado de 1964 contrapuseram dois projetos de economia política e de poder antagônicos[26]. A presidência de João Goulart (1961-1964), ao defender e projetar uma plataforma econômica democrático-popular de talhe trabalhista, núcleo de suas Reformas de Base, sobretudo por se apoiar na mobilização político-sindical das classes trabalhadoras e populares, contramobilizou conspiradores e golpistas das chamadas direitas brasileiras. Com seu antivarguismo tradicional e sob o signo do anticomunismo da Guerra Fria, lançaram-se em expressiva contramobilização empresarial-militar destinada à *conscientização* e à organização dos setores mais expressivos – empresarial, militar, político, jurídico, midiático e religioso – das classes proprietárias e dominantes do Brasil. Tratou-se de verdadeira arma de guerra antiJango, contra suas

---

[26] "Pois bem: na entrada dos 1960, essas linhas de força da história brasileira ganham uma *dinâmica crítica* – conjugam-se, então, dimensões econômicas e políticas. A passagem da *industrialização substitutiva de importações* (industrialização restringida) à *industrialização pesada* (ou alargada), que vinha de meados da década anterior, colocava à mostra a sua exigência: a rearticulação das modalidades de acumulação penalizando fortemente as camadas trabalhadoras para permitir um novo arranjo entre o Estado, o capital privado nacional e o capital estrangeiro, aprofundando a dependência em face dos centros imperialistas ou realizando as *reformas de base* para reorientar a economia na direção de romper com aquela dependência – **contrapunham-se, pois, dois projetos econômico-políticos e sociais,** um na perspectiva de manter aquelas linhas de força da nossa história e outro no sentido de superá-las. **Precisamente o alargamento do protagonismo popular, mediante a ampliação de espaços democráticos, especialmente acentuado a partir de 1961,** criava ponderáveis problemas de reverter aquelas linhas de força" (Netto, 2014, p. 76).

Reformas de Base trabalhista e, acima de tudo, contra as classes trabalhadoras e populares nacionais.

O presidente Goulart contava com apoio majoritário entre os setores populares e segmentos trabalhadores, conforme revelou pesquisa do Ibope não divulgada à época, mas encomendada em março de 1964 pela Federação do Comércio do Estado de São Paulo (Fecomércio-SP). Isto é, **"o 'descrédito' atribuído a Jango pela direita, em princípio de 1964, não passa de mistificação"** (Netto, 2014, p. 265). A pesquisa do Ibope demonstrou que a maior parte da população da cidade de São Paulo

> [...] avaliava majoritariamente o governo de Jango como entre 'ótimo' e 'bom', e dados mais abrangentes, relativos a uma eventual candidatura de Jango à presidência em 1965 (algo vedado pela Constituição de 1946), e cobrindo oito capitais, indicava que as intenções de voto no seu nome eram extremamente significativas.
>
> Considerando estes dados, o historiador Luiz Antônio Dias infere que Jango '**não apenas tinha altos índices de aprovação, como [tinha] um grande potencial eleitoral**'. Evidentemente, estes créditos a Jango eram tanto mais positivos quanto menos elevada era a condição social dos entrevistados (Netto, 2014, p. 266).

A conspiração de 1961 a 1964 contra o *janguismo* constitui um fragmento ímpar da história nacional acerca da **"automobilização como e enquanto classe" da burguesia brasileira contra as classes populares e trabalhadoras do país**, ou seja, de sua "capacidade de mobilização social e política [...] como classe possuidora e privilegiada" (Fernandes, 2020, p. 264). Este capítulo reconstitui, assim, o *modus operandi* autocrático-burguês – antipopular e antidemocrático – pelo qual "as classes possuidoras e privilegiadas passaram tão rapidamente, em 1964, da automobilização social para a ação militar e política" (Fernandes, 2020, p. 267). A partir de 1961, a *contrarrevolução burguesa preventiva* foi lançada não propriamente contra uma *situação revolucionária* – de todo inexistente à época no Brasil –, mas sim contra a "plataforma econômica de estatuto popular e nacional" das Reformas de Base que, com todos seus limites e ilusões trabalhistas, significou "a luta pela tentativa de ruptura democrática com nossa *modernização subordinada e excludente*, que se assentaria num *evolver nacional sem progresso social*, para uma alternativa democrática com forte apoio de massas" (Rago Filho, 1998, p. 33).

Embora o processo de objetivação histórica das Reformas de Base no pré-164 estivesse muito aquém de uma *situação revolucionária* de tipo clássico[27], o "ascenso das massas balizadas por reformas estruturais" – com "a presença na cena história das massas populares reivindicando mudanças nas esferas que afetavam diretamente as suas condições materiais de vida" – *ameaçava*, no *presente* e no *futuro*, "os interesses particulares dos proprietários nacionais e estrangeiros" (Rago Filho, 2001, p. 157). Assim, "mesmo sem sair dos marcos da sociabilidade do capital", as Reformas de Base "feriam os interesses do capital financeiro internacional e do próprio capital nacional atrófico e subordinado" (Rago Filho, 2001, p. 159). A *contrarrevolução burguesa preventiva* do pré-1964 foi mobilizada como arma de guerra golpista contra a **essência do trabalhismo** que, apoiado amplamente nas camadas populares, buscava integrá-las democraticamente num mercado interno ampliado (Rago Filho, 1998, p. 34).

Foi precisamente por causa disso que, **"sentindo-se ameaçados em seu poder exclusivista, os proprietários brasileiros se valeram de todos os recursos a fim de entronizarem um poder burguês *bonapartista*, poder indireto exercido pelo grupo militar hegemônico"** (Rago Filho, 1988, p. 34)[28]. De 1961 a 1964, no marco da Guerra Fria, o Brasil viveu internamente uma *efervescência democrática* e *uma socialização da política* sob a hegemonia *janguista*. Essa democratização foi combatida pelas direitas conservadoras, liberais e reacionárias como uma reatualização perigosa e potencialmente incontrolável do *varguismo democrático de massas* que, aquém do horizonte comunista-revolucionário, horrorizou e deflagrou o medo-pânico das classes possuidoras e privilegiadas. Na medida em que *"os limites de uma democracia restrita estavam sendo forçados, para abrir o passo a uma democracia de participação ampliada"* (Netto, 2014, p. 48), o viés democrático-popular-nacionalista das Reformas de

---

[27] Propriamente, entre 1961 e 1964, não havia o que se pode definir como "uma situação revolucionária" clássica, isto é, o entreabrir-se, na concretude histórica das lutas sociais e políticas entre as classes, de "uma cisão no topo do poder, através de ampla movimentação espontânea de massas, dirigida por uma vanguarda revolucionária que, aprofundando a fenda no poder das classes dominantes, possibilitaria uma ruptura com a supremacia dos proprietários" (Rago Filho, 2001, p. 159). "É preciso esclarecer bem este aspecto: à diferença do que se alardeava à época (inclusive por alguns setores da esquerda), na realidade não estava em jogo, no Brasil, a alternativa entre capitalismo e socialismo (ou 'comunismo', como então pregava a grande imprensa) – Jango [...] defendia uma proposta de *reformas* de viés nacionalista e democrático, procurando uma via menos elitista e concentradora para o desenvolvimento do capitalismo no país (até mesmo Brizola, um dos líderes mais à esquerda na época, não se identificava com um projeto explicitamente socialista)" (Netto, 2014, p. 48).

[28] "Reiterando em nossa particularidade histórica, antiga determinação universalizante das classes dominantes, formulada por Engels: '*O bonapartismo é a religião da burguesia!*'" (Rago Filho, 1998, p. 34).

Base ativou a conspirata rumo a um golpe militar: de Estado e de classe. À semelhança do peronismo e do allendismo, "**os portadores de uma plataforma econômica de estatuto popular e nacional converteram-se, em nosso país, numa ameaça à reorganização da estrutura econômica atrelada aos desígnios do grande capital internacional e seus parceiros nativo**" (Rago Filho, 998, p. 8-9). Nesse contexto histórico, "bem longe de um processo social que emergia de uma *situação* revolucionária", é preciso bem divisar quais foram os móveis e os alvos dos conspiradores e golpistas do pré-1964 para, na sequência, reconstruirmos o *Quem é quem* da *contrarrevolução burguesa preventiva* de 1964:

> Em nossa circunstância histórica, **a ameaça que se divisava, concretamente, eram as consequências práticas das Reformas de Base, caso se efetivassem, recolocando para as facções das Forças Armadas um velho dilema: o varguismo democrático de massas *versus* o antivarguismo. Ou seja, reformas estruturais com base no estatuto popular e nacional, que se entrechocavam com os desígnios do imperialismo, na visão conservadora, o Brasil daria entrada para uma possível *república popular*, porta aberta para uma nova Cuba, na América Latina**. Reformas anunciadas pelo próprio executivo, com forte apoio sindical e popular, porém, sem um enraizamento orgânico para o enfrentamento direto no interior das lutas de classe (Rago Filho, 1998, p. 15).

Como sumariou o golpista **Adyr Fiúza de Castro**, reconvertido em general facínora e criminoso de Estado durante a ditadura pós-1964 – assumindo a chefia do Centro de Informações do Exército (CIE) e do Destacamento de Operações de Informações-Centro de Operações de Defesa Interna (DOI-Codi) –, "**'na preparação para o golpe de 64, todos os grupos eram unânimes em saber o que não queriam: não queriam uma república popular instalada no Brasil'**" (De Castro *apud* Rago Filho, 2001, p. 157). Mas quais foram as forças da conspirata e da preparação do golpe de 1964 que organizaram ideológica, operacional e logisticamente a máquina de guerra contra a "ameaça" de uma *República popular* no Brasil? Foram, em primeiro lugar, forças que configuraram um nexo empresarial-militar anticomunista que deve ser detalhado a partir de agora.

Os organizadores e *intelectuais orgânicos* da conspiração deflagrada em 1961 e do golpe vitorioso em 1964 conjugaram-se em dois poderosos *think tanks*, intimamente articulados à **Escola Superior de Guerra (ESG)**, fundada para soldar a interdependência militar do Brasil aos EUA[29]. O **Instituto de Pesquisas e Estudos Sociais (Ipês) e o Instituto Brasileiro de Ação Democrática (Ibad)** conjugaram-se em um complexo que formou, entre 1961-1964, a *elite orgânica* que organizou e *conscientizou* a vanguarda das direitas conspiradores e golpistas brasileiras e estrangeiras associadas. O *complexo Ipês/Ibad*, conforme o designou o historiador uruguaio-brasileiro **René Armand Dreifuss**, voltou-se, então, contra o "perigo vermelho": de uma possibilidade ou promessa de *República popular*, o avesso do *autocratismo burguês* tradicionalmente dominante no Brasil. Em sua pesquisa seminal defendida como doutorado na Universidade de Glasgow, no Reino Unido[30], publicada em português no ano seguinte sob o título *1964: A conquista do Estado: Ação Política, Poder e Golpe de Classe* (Editora Vozes, 1981), Dreifuss esclarece, em perspectiva gramsciana, que

> [...] os intelectuais orgânicos de interesses econômicos multinacionais e associados formaram um complexo político-militar, o IPES/IBAD, cujo objetivo era agir contra o governo nacional-reformista de João Goulart e contra o alinhamento de forças sociais que apoiavam a sua administração (Dreifuss, 1981, p. 161).

Tratou-se mesmo do ponto alto da *consciência* de classe do nexo empresarial-militar anticomunista na conspiração contra as classes populares e trabalhadoras brasileiras. Dessa maneira, "**o complexo IPES/IBAD representa a fase política dos interesses empresariais**", isto é, momento em que *a automobilização como classe e enquanto classe* dos setores dominantes da sociedade civil-burguesa brasileira projeta-se como "partido" (estado-maior) na luta de classes com o objetivo de (re)conquista o poder do Estado e (re)entronizar projetos político-econômicos e sociais exclusivistas, no caso a *manu militari*. A máquina golpista do Ipês/Ibad representou "**a fase mais genuinamente política**" da ação de classe aqui presente, demarcando "a passagem decisiva da estrutura para a esfera da

---

[29] "O IPES era uma entidade sofisticada, pretensamente científica, e ligou-se à Escola Superior de Guerra, aliciando os generais Golbery do Couto e Silva, Heitor de Almeida Herrara e muitos outros, reformados ou na ativa" (Bandeira, 2010, p. 175).

[30] Sob o título *State, class and the organic elite: the formation of an entrepreneurial order in Brasil 1961-1965*, Dreifuss defendeu sua tese no *College of Social Sciences*, na Universidade de Glasgow, sob orientação do Prof. Dr. Mitchell Simon.

complexa superestrutura; essa é a **fase na qual ideologias previamente desenvolvidas se tornam 'partido'"** (Dreifuss, 1981, p. 161)[31].

> A história do complexo IPES/IBAD relata o modo pelo qual a elite orgânica da burguesia multinacional e associada evoluiu de um limitado grupo de pressão da burguesia multinacional para uma organização de classe capaz de uma ação política sofisticada, bem como o modo pelo qual ela evolveu da fase de projetar uma reforma para o estágio de articular um golpe de Estado. O complexo de interesses multinacionais e associados procuraria liderar os grupos profissionais e funcionais como também visaria a neutralizar o bloco de poder tradicional, na certeza de que a elite orgânica poderia sair vitoriosa e dinamizar o processo de modernização capitalista, somente se ela assegurasse o apoio e a aquiescência da maioria da população participante. **A elite orgânica centrada no IPES se revelaria então como o 'amadurecimento da disposição para agir dentro de um programa capaz de mobilizar os homens de empresa', e como um todo oferecer soluções aos problemas do país. Nesse processo, a elite orgânica modelaria as forças sociais burguesas em uma classe, processo este que culminaria com a transposição do poder privado dos interesses multinacionais e associados para o governo público do Brasil. Para isso, o bloco econômico dominante teria de vir a ser o Estado autoritário em que efetivamente se transformaria** (Dreifuss, 1981, p. 161-162).

Nessa conspiração para o golpe de Estado e de classe de 1964 houve uma sofisticada divisão do trabalho sujo. Dreifuss salienta que "as operações secretas e discretas da burguesia insurrecional eram executadas por forças-tarefa especializadas, unidades de ação, grupos com codinomes e subsidiárias" e que, de um lado, **"o IBAD agia como uma unidade tática"** e, de outro, **"o IPES operava como centro estratégico"** (Dreifuss, 1981, p. 164). Nessa divisão tático-estratégica da *contrarrevolução burguesa preventiva*, **"o IBAD e outras organizações subsidiárias e paralelas tomavam**

---

[31] "Com base no argumento de Gramsci, se não todos os tecno-empresários, empresários e militares, 'pelo menos uma elite entre eles tinha a capacidade de ser os organizadores de seus interesses e da sociedade'. Essa elite dos intelectuais orgânicos (doravante denominada elite orgânica do bloco econômico multinacional e associado) passou a constituir uma força social, cônscia de que seus 'próprios interesses corporativos, no seu presente e futuro desenvolvimento, transcendem os limites corporativos da classe puramente econômica e podem e devem também se tornar interesses de outros grupos subordinados'" (Dreifuss, 1981, p. 161).

a si a maior parte do insucesso (ou glória) por atividades secretas, expondo-se muito mais do que o IPES" (Dreifuss, 1981, p. 164).

O Ipês, em comparação ao seu associado Ibad, pode ser considerado um grupo de ação mais sofisticado, bem equipado e preparado: "era o núcleo de uma elite orgânica empresarial de grande visão, uma força-tarefa estrategicamente informada, agindo como vanguarda das classes dominantes" (Dreifuss, 1981, p. 185).

Até hoje, não se pode apequenar a sofisticação de classe do *complexo Ipês/Ibad* e suas atividades de "'manipulação de opiniões e guerra psicológica'", "**sofisticada e multifacética campanha política, ideológica e militar**" (Dreifuss, 1981, p. 164). Esse "partido de vanguarda" da insurreição burguesa golpista – com seus *intelectuais orgânicos* e *tecnoempresários* – foi capaz de associar-se ao "partido militar". Conjugaram-se o *golpismo civil* com o tradicional *golpismo militar* no Brasil, cujas Forças Armadas julgam-se, desde o golpe de Estado de 1889 contra a monarquia, herdeiras do Poder Moderador *imperial* extinto, transmutado em *tutelagem militar* permanente da República[32].

Dessa maneira,

> [...] através do IPES, os segmentos empresariais começaram a estabelecer vínculos estáveis e estratégicos com setores militares [...], **recrutando oficiais golpistas na reserva, mas que conservavam relações nos quartéis, especial, mas não exclusivamente no Exército** (Netto, 2014, p. 50).

O Ipês conseguiu armar, de maneira consequente, "uma rede nacional de relações com as Forças Armadas", e, "já a partir de 1962, dispunha de um 'serviço de informações', naturalmente secreto, listando milhares de cidadãos suspeitos de 'comunistas' – listas muito úteis aos que empalmaram o poder no 1º de abril de 1964" (Netto, 2014, p. 50-51). Um dos subscritores do Manifesto dos Coronéis de 1954 contra o aumento de 100% do salário-mínimo conferido pelo então ministro do Trabalho João Goulart, durante a última presidência Getúlio Vargas antes de seu

---

[32] "Esta relação com militares permitirá conjugar o golpismo civil com aquele que vinha de longe no interior das Forças Armadas e que se mostrara em 1945, 1954, 1955 e 1961. Na conjuntura política do governo Goulart, a iniciativa e o protagonismo das 'classes produtoras' foram essenciais: tiveram *papel central* no golpe do 1º de abril de 1964 – e se o regime dele derivado foi uma ditadura que se valeu do poder militar, este serviu aos interesses do grande capital: as Forças Armadas foram instrumentalizadas para instaurar o que Florestan Fernandes caracterizou como *autocracia burguesa*. Evidentemente, o golpismo militar operou vigorosamente desde 1961; todavia, foi a conspirata patrocinada pelo grande empresariado e pelo latifúndio que lhe ofereceu as condições necessárias para o seu êxito político" (Netto, 2014, p. 51).

suicídio, serviu como elo entre o golpismo civil-burguês do *complexo Ipês/Ibad* e o golpismo militar de seus companheiros de farda.

Golbery do Couto e Silva, já então general do Exército, transferiu-se em 1961 para a reserva para atuar como gestor/conspirador *ipesiano* "de alto nível". O general Golbery, "conspirador e golpista de longa data, com fumaça de intelectual" (Netto, 2014, p. 51), soldou o nexo do Ipês/Ibad com a Escola Superior de Guerra (ESG). Mesmo na reserva, nunca esteve tão ativo. Dirigiu, do Rio de Janeiro, o chamado Grupo de Levantamento de Conjuntura (GLC) do Ipês, cuja tarefa imediata consistia em "acompanhar todos os acontecimentos políticos em todas as áreas e setores, avaliando, apurando e fazendo estimativas quanto a seu impacto político e esboçando mudanças táticas para acompanhar a evolução de qualquer situação e influenciar seu processo" (Dreifuss, 1981, p. 186).

Até junho de 1964, dois meses depois da vitória do golpe de 1.º de abril daquele ano, "**o GLC do Rio foi liderado pelo General Golbery, responsável pela perícia em informações e contrainformações, condução estratégia e ligação com uma íntima rede de militares eficientes**" (Dreifuss, 1981, p. 186)[33]. Entre eles, o futuro general e último ditador **João Baptista de Oliveira Figueiredo** (Dreifuss, 1981, p. 186), cujo primo, diretor da Federação das Indústrias de São Paulo (Fiesp), destacou-se como o líder maior do Ipês paulista: **João Baptista Leopoldo Figueiredo** (Dreifuss, 1980, p. 348)[34]. O GLC do Ipês carioca dirigido pelo general Golbery constituiu um poderoso sistema de espionagem a serviço da máquina do golpe em preparação, mantendo "arquivos com informações sobre dezenas de milhares de pessoas" (Dreifuss, 1981, p. 189). Apenas no Rio, o GLC ipesiano "teria grampeado [...] cerca de três mil telefones" (Dreifuss, 1981, p. 188).

> Com a colaboração de seus oficiais militares, o IPES estabeleceu de 1962 a 1964 um sistema de informação para controlar a influência 'comunista' no governo e para distribuir suas descobertas de forma regular aos oficiais militares-chave e demais pessoas por todo o Brasil. Conforme seus próprios cálculos, o **IPES gastava entre 200 e 300 mil dólares por ano nessa operação de levantamento de informações e**

---

[33] Entre eles, "o Capitão Heitor de Aquino Ferreira, o Tenente-coronel Rubens Resteel, o Tenente-coronel Gustavo Moraes Rego, o Tenente-coronel João Baptista Figueiredo e o Coronel Ivã Perdigão" (Dreifuss, 1981, p. 186).

[34] Nota-se, pois, que também em *família(s)* tradicional(is) os *golpismos civil-burguês e militar* foram conjugados durante o período de 1961 a 1964. E, nesse sentido, o caso dos primos golpistas João Baptista de Oliveira Figueiredo, do Exército, e João Baptista Leopoldo Figueredo, da Fiesp, é um dos mais emblemáticos e reveladores.

> rede de distribuição. O GLC distribuía entre os militares uma circular bimestral mimeografada, sem identificação de fonte, **que descrevia e analisava a atividade 'comunista' por todo o país e que incitava a opinião militar contra o Executivo e contra a mobilização popular.** Com o mesmo zelo que ele preparava os relatórios semanais, a partir de material impresso, o GLC compilava dossiês dos indivíduos e grupos 'comunistas', bem como distribuía um mapa que identificava a estrutura e pessoas-chave das supostas organizações subversivas. [...] **o IPES se valia de uma amplamente distribuída rede de informação dentro das Forças Armadas, da administração pública, das classes empresariais, da elite política, das organizações estudantis, dos movimentos de camponeses, do clero, da mídia e dos grupos culturais** (Dreifuss, 1981, p. 188).

Esse *know-how* e arquivos *ipesianos* da repressão, vigilância e monitoramento em escala industrial seriam utilizados na ditadura pós-1964 pelo general Golbery, durante o governo do marechal Humberto de Alencar Castelo Branco, para criar o que depois apodaria de "monstro" ("Eu criei um monstro"): o **Sistema Nacional de Informações (SNI)**.

Esse nexo empresarial-militar-anticomunista, para ficarmos no pré-1964, foi bastante facilitado pela ação da embaixada dos EUA e de outras agências de Estado e de empresas norte-americanas no Brasil, em conexão com o *complexo Ipês/Ibad/ESG*. De um lado, é verdade que "*o golpe não começou em Washington*", isto é, "foi na dinâmica interna das lutas de classes no Brasil que se armou o seu cenário e se gestaram as condições do seu êxito em 1964" (Netto, 2014, p. 74).

Também o *Quem é quem* da máquina de guerra golpista contra o trabalhismo e as classes trabalhadoras e populares, no pré-1964, deve ser reconstituído a partir de elementos das "franjas burguesas vinculadas ao grande capital nativo e estrangeiro Asque, associadas aos latifundiários, arrastaram política e ideologicamente segmentos expressivos da pequena burguesia urbana para o seu campo" (Netto, 2014, p. 74). Porém, de outro lado, é inegável também que a *contrarrevolução burguesa preventiva* organizada pelo *complexo Ipês/Ibad/ESG* sincronizou-se ao processo da *contrarrevolução preventiva em escala mundial* conduzido pelos EUA. E que, sob a Guerra Fria, os nossos militares golpistas, conformados à subordinação ao imperialismo norte-americano, já rezavam bem antes de 1964 pela cartilha "da ***segurança nacional*** no seio da ***guerra permanente*** contra o comunismo internacional" (Rago Filho, 2001, p. 157).

Assim, no preparo da contrarrevolução empresarial-militar-anticomunista, entre 1961-1964, os conspiradores *ipesianos, ibadianos* e *esguianos* – para ficarmos com a vanguarda golpista antiJango – conectaram-se sobretudo ao governo e às corporações[35] dos EUA. As ligações do Ipês, em geral, foram conduzidas pelo embaixador dos EUA Lincoln Gordon. As conexões do Ibad, via CIA/Ivan Hasslocher[36]. E os vínculos da ESG, em especial, estabeleceram-se por intermédio do militar de inteligência dos EUA Vernon Walters, adido militar no Brasil (1962-1967), que, "nesta condição, articulou-se com os golpistas (alguns dos quais seus amigos, como Castelo Branco), garantindo-lhes o apoio político-militar dos Estados Unidos" (Netto, 2014, p. 51)[37].

Sendo aqui impossível dar conta de todos os **labirintos do complexo Ipês/Ibad/ESG,** nem de suas conexões com os EUA, vale destacar, contudo, um nexo transnacional até pouco desconhecido. Trata-se das conexões desenvolvidas por **Wladimir Lodygensky**, um exilado russo-suíço no Brasil integrado às ações golpistas do eixo Ipês/EUA. Dreifuss apenas mencionou essa figura como sendo a de um "ativista ipesiano", "membro da American Chamber of Commerce [...] e diretor da Allset-Sociedade Técnico Comercial Ltda. que trabalhava com propaganda técnica" (Dreifuss, 1980, p. 343). Porém, uma pesquisa que desdobra as frentes femininas do *complexo Ipês/Ibad/ESG* – de autoria de Solange de Deus Simões, *Deus, pátria e família. As mulheres no golpe de 1964* (Vozes, 1985) – demarcou que a SEI

---

[35] "O próprio IBAD era um canal financeiro de fundos multinacionais para o IPES. Destacavam-se entre as corporações que faziam depósitos nas contas da rede IBAD/ADEP/Promotion S.A. a Texaco Shell, Esso Brasileira, Standar Oil of New Jersey, Texas Oil Co., Gulf Oil, Bayer, Enila, Shering, Ciba, Gross, General Electric, IBM, Remington Rand, AEG, Coty, Coca-Cola, Standard Brands, Cia. de Cigarros Souza Cruz, Belgo-Mineira, U.S. Steel, Hanna Mining Corp., Bethlehem Steel, General Motors, Willys Overland e o IBEC" (Dreifuss, 1981, p. 207).

[36] "Não chegavam à elite orgânica apenas fundos de empresas privadas. Dinheiro da CIA americana também era canalizado para o IBAD. Os estudiosos do período de João Goulart esforçaram-se por saber a extensão do conhecimento que o embaixador Lincoln Gordon tinha das várias atividades da CIA. 'Certamente Gordon conhecia tudo sobre o IBAD. Ele estava ciente não só de que o IBAD era o meio da CIA canalizar dinheiro para as campanhas políticas locais, mas também que tais contribuições clandestinas eram uma absoluta violação da lei brasileira'" (Dreifuss, 1981, p. 205-206).

[37] "A conjugação do golpismo civil com o militar foi bastante facilitada pela ação da embaixada norte-americana, que intervinha nos dois âmbitos. No âmbito civil, o desembaraço com que o embaixador Lincoln Gordon mantinha relações com o empresariado e políticos oposicionistas era conhecido; mas importantes foram as atividades desenvolvidas por Vernon Walters, oficial da inteligência do Exército americano durante a Segunda Guerra Mundial incumbido da ligação com o comando da *Força Expedicionária Brasileira*/FEB na Itália, quando estabeleceu relações com oficiais brasileiros. Vinculado à CIA (depois, chegou a ser seu vice-diretor) [...]" (Netto, 2014, p. 51).

> [...] era dirigida pelo ativista ipesiano Wladimir Lodygensky e **contava com a colaboração de eminentes paulistas, em especial professores, líderes católicos, intelectuais que redigiam a matéria de seus boletins de informação e formação sobre a 'infiltração comunista na América Latina', com destaque ao 'movimento subversivo' em todos os setores das atividades do Brasil** (Simões *apud* Machado, 2024).

Porém, foi apenas recentemente que uma pesquisa pioneira do historiador Vicente Gil da Silva – ***Planejamento e organização da contrarrevolução preventiva no Brasil: atores e articulações transnacionais, 1926-1964*** (2020) – reconstituiu essa *persona* praticamente desconhecida da historiografia. O pai de Wladimir Lodygensky, Georges, era um importante colaborador nazista, além de ter sido o cofundador, em 1924, na Suíça, da Entente Internacional Anticomunista (EIA), destinada a combater igualmente em escala global o Movimento Comunista Internacional (MCI). Posteriormente, a EIA conectou-se ao Anti-Komintern do III Reich nazista, constituindo ambas as primeiras experiências de *internacionalismo anticomunista* do século XX. O próprio Wladimir Lodygensky participara ao lado do pai, em 1936, da "**Primeira Conferência Internacional Secreta Anticomunista**, organizada pelo Antikomintern e realizada em Feldafing, na Alemanha" (Da Silva, 2020, p. 417)[38]. Os Lodygensky serviram, via EIA, em algumas operações anticomunistas da ditadura do Estado Novo, associados ao Serviço de Estudos e Investigações (SEI) do Itamaraty, controlado pelo ministro José Carlos Macedo Soares e pela diplomata Odette de Carvalho e Souza. Já no Brasil em 1958, Wladimir Lodygensky fundou a Sociedade de Estudos Interamericanos (SEI).

Um ano antes de fundar a SEI, Lodygensky viajou aos EUA, entrevistando-se com ex-oficial do *Psychological Strategic Board* (PSB), com um operativo da CIA e com outros contatos da United States Information Agency (USIA) (Da Silva, 2020, p. 394-395). Em 10 de julho de 1959, Lodygensky foi caracterizado pelo Serviço Federal de Informações e Contrainformações (Sfici) "como 'um agente internacional' e um 'profissional da espionagem' que estaria servindo de enlace com o 'SS [Serviço Secreto]

---

[38] Ao lado de Théodore Aubert, Georges Lodygensky fundara a EIA para combater "os grupos subversivos, sendo o principal deles a III Internacional Comunista (Comintern)", em defesa dos "princípios da ordem, da família, da propriedade e da pátria" (Da Silva, 2020, p. 234). A partir de Genebra, a EIA promoveu "a criação de centros nacionais antibolcheviques, aos quais transmitiria informações sobre organização, os projetos e atividades do governo de Moscou e do Comintern" (Da Silva, 2020, p. 234).

do ministério das Relações Exteriores", estando ligado, desde 1946, "aos Serviços de Informações dos EE.UU." (Sfici, 1959 *apud* Machado, 2024, p. 622). O Sfici também registrou que a SEI de Lodygensky estava "vinculada 'ao Centro Brasileiro da Europa Livre e à Federação Paulista das Indústrias [Fiesp]" (Sfici, 1959 *apud* Machado, 2024, p. 622).

A partir de 1961, contudo, a SEI vinculou-se aos *ipesianos*, em particular com o equivalente do GLC do Ipês carioca dirigido pelo general Golbery, isto é, o Grupo Especial de Conjuntura (GEC) do Ipês paulista, dirigido pelo general Moacyr Gaia (Da Silva, 2020, p. 611). A SEI de Lodygensky, em articulação com o *complexo Ipês/Ibad*, atuou também nas frentes femininas da conspirata pré-1964. Patrocinou e emprestou sua sede à fundação da **União Cívica Feminina (UFC)**, grupo paulista ipesiano/ibadiano, equivalente à carioca Camde, a Campanha da Mulher pela Democracia (Machado, 2024, p. 620). A SEI também atuou no campo estudantil de preparo ao golpe antiJango, criando para tanto o **Centro Latino-americano de Coordenação Estudantil** (**Clace**). Informe da ditadura pós-1964 "registrou que 'a Câmara Americana de Comércio financiava o CLACE com 900 mil cruzeiros (velhos) por mês, através do Fundo de Ação Social, dinheiro esse entregue pelo IPES, através do Gen R/1 [Moacyr] Gaya'" (Machado, 2024, p. 623). A serviço da conspiração e do golpe, o Clace organizou dois encontros de uma **Convenção Cristã e Democrática dos Estudantes Secundaristas de São Paulo** (1962 e 1963)[39], publicou uma revista (*Alvorada*)[40] e desenvolveu extensas atividades de espionagem política no meio estudantil. Em investigação pioneira, *Radiografia do terrorismo no Brasil, 1966/1980* (Ícone, 1985), o jornalista Flavio Deckes destacou que:

---

[39] O encontro de 1962 foi realizado no tradicional Colégio Rio Branco, no bairro de Higienópolis, em São Paulo, e "o objetivo do evento foi 'unir os estudantes em torno de princípios cristãos e patrióticos, claramente definidos e traçar planos de uma ação construtiva em prol da classe estudantil, fora da politicagem das entidades oficiais'" (Da Silva, 2020, p. 592). A I Convenção Cristã e Democrática dos Estudantes Secundaristas de São Paulo "foi presidida pelo ultradireitista Carlo Barbieri Filho" (Da Silva, 2020, p. 592). A segunda convenção dos secundaristas golpistas do Clace também foi presidida por Barbieri Filho, como se verá, um militante anticomunista "prodígio". A II Convenção Cristã e Democrática dos Estudantes Secundaristas ocorreu, entre 6 e 8 de dezembro de 1963, no Clube Internacional de Regatas de Santos (Da Silva, 2020, p. 592).

[40] O redator chefe do *Alvorada* era Tércio Sampaio Ferraz Jr., hoje um jurista de escol da Faculdade de Direito da Universidade de São Paulo. E Waldo Domingos Claro era o diretor responsável da revista do Clace e da SEI (Da Silva, 2020, p. 589). Deram suporte à *Alvorada*, além dos membros da SEI Hugo Bethlem, Ernesto de Moraes Leme e Miguel Reale, os líderes ipesianos Antonio Carlos Pacheco e Silva, Theodoro Quartim Barbosa e Paulo Edmur de Souza Queiroz. "Os demais redatores da Alvorada eram Mario Destefani, Carlos Lessa Fonseca, Ronaldo R. B. Poletti, Kalil Rocha Abdala, Cesar Luiz Eduardo C. do Prado, Antonio Borda Aneiva, Mario Zuñiga e Luiz Zuñiga – sendo os três últimos de nacionalidade boliviana" (Da Silva, 2020, p. 590).

> O tempo dos militantes do CLACE era preenchido com a coleta e a centralização de informações que envolvessem nomes de estudantes classificados como 'esquerdistas', não só das principais cidades brasileiras mas também da América Latina. A agitação tinha papel importante na atuação da entidade. Seus militantes circulavam livremente entre multidões de estudantes que participavam das excursões da diretoria itinerante da UNE –União Nacional dos Estudantes. O trabalho voltava-se basicamente para a sabotagem, invasão, roubo de documentos e pertences dos participantes, principalmente em São Paulo e no Rio de Janeiro. Em 1961, militantes do CLACE se hospedaram no Copacabana Palace e de lá saíram para promover agitação em um encontro promovido pela UNE no Hotel Quitandinha. **A coleta, classificação e arquivamento de informações sobre as lideranças estudantis da época, porém, se constituía na atividade principal do CLACE** (Deckes *apud* Machado, 2024, p. 623).

A SEI de Lodygensk, esse ex-colaborador nazista que, no pré-1964, serviu aos EUA e ao Ipês na conspiração e no preparo do golpe de Estado, também lançou seus tentáculos de espionagem política no mundo do trabalho, em especial, no meio sindical. A SEI financiou o pelego-chefe do Movimento Sindical Democrático (MSD), o líder sindicalista *ipesiano* Antonio Pereira Magaldi. Vinculou-se também ao *tecnoempresário* ipesiano Mario Toledo de Moraes, "diretor da Melhoramentos, vice-presidente da FIESP e coordenador de temas sindicais do IPES', [que] trabalhava 'intimamente com a SEI no âmbito sindical'" (Da Silva, 2020, p. 610).

Nota-se, pois, que a SEI – com suas frentes sindical, empresarial, feminina e estudantil – integrou-se aos labirintos do *complexo Ipês/Ibad/ESG* e, mais uma dimensão a se destacar da *contrarrevolução burguesa preventiva* de 1964, a Fiesp participou dessa intricada trama *ipesiana, ibadiana* e *esguiana*.

A maior federação da burguesia industrial de São Paulo, ademais, não se limitou a conceder "subsídios", conforme especialidade *ipesiana*[41], aos conspiradores e golpistas civis e militares no pré-1964. A Fiesp chegou mesmo a se preparar para uma guerra civil, que não veio, contra o

---

[41] "Uma das mais importantes atividades do IPES era ceder 'subsídios', modo bastante neutro de se refirir aos fundos ilegais lançados nos partidos políticos, na mídia, nas Forças Armadas, sindicatos e organizações rurais, movimento estudantil e projetos e organizações do clero, bem como em indivíduos escolhidos" (Dreifuss, 1981, p. 207).

governo João Goulart e seus aliados e apoiadores. Trata-se de um caso ímpar, revelador, da **automobilização da burguesia paulista** para uma guerra interna apenas recentemente (re)descoberta pela historiografia brasileira[42].

Vitorioso o golpe de Estado e de classe em 1.º de abril de 1964, no dia 30 do mesmo mês, a Fiesp oficializou, como uma de suas diretorias, seu **Grupo Permanente de Mobilização Industrial** (GPMI). O GPMI da Fiesp foi então oficializado como ponto de partida dos negócios entre a indústria paulista e a ditadura militar com vistas a "adaptar o parque industrial brasileiro à produção de equipamentos bélicos", ou seja, nosso *complexo industrial-militar*.

> **Suas origens, porém, remontam às células de logística da conspiração que se preparavam para enfrentar as supostas forças leais a Jango durante a guerra civil que consideravam inevitável e iminente.** Com a vitória golpista sem derramamento de sangue e a oficialização do GPMI da Fiesp ainda em abril de 64, evidenciou-se uma relação de 'cumplicidade direta dos industriais com o esquema de força da repressão' (Monteleone, 2016, p. 180).

Integrados por membros da Fiesp e militares[43], o *ipesiano* e futuro governador paulista Paulo Egydio Martins recordou que:

> Articulados com oficiais do II Exército, sediado na capital paulista, os conspiradores precisaram [...] recuperar suas condições operacionais, para o que foi fundamental a participação dos empresários industriais do estado,

---

[42] Redescoberta depois da Comissão Nacional da Verdade, cujo Relatório de 2014 reapresentou o tema, com documentos inéditos; e depois da dissertação de mestrado em História defendida na PUC-SP, em 1985, por Jean-Claude Eduardo Silberfeld: *O Grupo Permanente de Mobilização Industrial da Federação das Indústrias do Estado de São Paulo: 1964-1967*. "A dissertação de Silberfeld foi feita com base nas atas das reuniões do GPMI. 'Fui estagiário na Fiesp, então decidi estudar algo que eu tinha acesso fácil. À documentação da Fiesp eu tinha acesso', afirma. Hoje, porém, estão perdidas as atas, que mostram o envolvimento e o financiamento de diversas empresas à adaptação do parque industrial à produção de equipamentos bélicos" (Monteleone, 2016, p. 182).

[43] Do lado civil-burguês, os fundadores do GPMI da Fiesp foram: Raphael Noschese, Theobaldo de Nigris, Victório Walter dos Reis Ferraz, Quirino Grassi, Paulo Mariano dos Reis Ferraz, João Gustavo Haenel, Oswaldo Palma, Vicente Chiaverini, Mario Amato, Decio Fernandes Vasconcellos. Noschese era, à época do golpe de 1964, presidente da Fiesp, e outros dois fundadores do GPMI, De Nigris e Amato, tornar-se-iam presidentes da federação patronal. De Nigris foi o mais longevo presidente da Fiesp e, como se verá, emprestará seu nome e apoio como líder de associação de classe ao braço brasileiro da Liga Mundial Anticomunista (WACL). Do lado militar, foram cofundadores do GPMI da Fiesp: "Maj Brig Márcio de Souza Melo, Gen R/1 Edmundo Macedo Soares e Silva; Gen R/1 João Franco Pontes; CMG Luiz Penido Burnier; Cel Av José Vaz da Silva; Cel Augusto Cid de Camargo Osório; Cel Av Eng Agemar da Rocha Sanctos; Cel Eng Paulo Lobo Peçanha; Ten Cel I Aer Djalma Floriano Machado; Ten Col (FIESP) Geraldo Paglia; Maj Anápio Gomes Filho" (Monteleone, 2016, p. 173).

> que abasteceram a unidade militar com veículos, peças de reposição e equipamentos variados [...] **para isso, foi criado um grupo de trabalho industrial, no âmbito da Fiesp. Nosso grupo de mobilização industrial teve que se desdobrar para tornar o II Exército uma unidade móvel** (Martins *apud* Monteleone, 2016, p. 185).

Outros depoimentos dão conta de que o GPMI da Fiesp representou, de fato, a preparação da burguesia paulista com seus aliados militares para uma guerra civil caso Jango resistisse ao golpe de Estado e de classe que estavam preparando dentro do *complexo Ipês/Ibad/ESG/Fiesp*. Alguns trechos e passagens das conferências dadas na Escola Superior de Guerra, no Rio de Janeiro, pelos fundadores paulistas do GPMI da Fiesp – Quirino Grassi (1972, 1973) e Theobaldo de Nigris (1973)[44] –, bem como trecho de matéria da *Folha de S. Paulo* (1968) exaltando a aliança empresarial-militar anticomunista e antidemocrática a seguir:

> Em princípios de 1963, um grupo de empresários de São Paulo, desejando prestar um trabalho visando a defesa dos nossos ideais democráticos e cristãos, articulou-se junto à Presidência da Federação das Indústrias do Estado de São Paulo, e em ligação com o então Governador [Ademar Pereira de Barros], oficiais Superiores do II Exército e o comandante da Força Pública do Estado de São Paulo, **iniciou a preparação do que seria o movimento vitorioso de março de 1964 em São Paulo** (Grassi *apud* Monteleone; Sereza, 2017, p. 96).
>
> **Durante os anos de 1962, 1963 e 1964, os já conhecidos problemas que agitaram a Nação conscientizando dentre outros brasileiros, grande parte dos empresários, fez com que estes se agrupassem,** inicialmente de forma esparsa e heterogênea, num movimento de defesa grupal dos princípios democráticos tão caros ao nosso povo. Movimento este que tomou corpo e no começo do ano de 1964, cristalizou-se num grupo de trabalho que apoiou as ativi-

---

[44] Em 1973, De Nigris palestrou na ESG sobre *A industrialização, a segurança nacional e o Grupo Permanente de Mobilização Industrial da Fiesp*, destacando que: "Nosso país não tem, infelizmente, ficado à margem do movimento político de caráter internacionalista, que julga legítimo o uso da violência para acelerar as reformas socioeconômicas. Os acontecimentos que precederam à Revolução vitoriosa de 1964 e o uso das guerras psicológica e revolucionária são exemplos vivos de que precisamos estar vigilantes e organizados para garantir as instituições, manter a ordem e o primado da lei para preservar a segurança nacional" (De Nigris *apud* Monteleone; Sereza, 2017, p. 95-96).

dades dos bravos oficiais que deflagraram o movimento de 31 de março (Grassi *apud* Monteleone; Sereza, 2017, p. 96).

O movimento de 31 de março de 1964, necessitando, naquela ocasião, de maior quantidade de equipamento, não só militar, mas de uso comum às Forças Armadas no estado de São Paulo, deu, praticamente, **origem à formação do Grupo Permanente de Mobilização Industrial da Federação das Indústrias do Estado de São Paulo.** Ao criarmos esse importante organismo, tivemos presente a ideia de que cabia a todos os brasileiros e, principalmente, às classes produtoras, **a responsabilidade de manter as Forças Armadas bem providas, pois disso dependem** *nossa segurança interna e externa e nossa sobrevivência como homens livres* (De Nigris *apud* Lemos, 2018, p. 82).

Da conscientização das dificuldades operacionais das Forças Armadas, aliada à adequação do momento político e ao apoio das organizações militares, sediadas no estado de São Paulo, e com o aval dos ministérios militares, assim como do Estado-Maior das Forças Amardas (EMFA), **surgiu o GPMI da FIESP.** Esse tinha por incumbência servir de intermediário no relacionamento indústria-forças armadas, no esforço de alertar a indústria nacional, compreendida como a totalidade do parque industrial instalado no território nacional, de que o preparo permanente da Mobilização Industrial é a única solução para o país estar adequadamente preparado para situações excepcionais (Grassi *apud* Lemos, 2018, p. 78).

O Grupo Permanente de Mobilização Industrial destina-se, entre outras coisas, a ajustar um dispositivo, capaz de transformar, a curto prazo, a indústria civil em fábrica de material militar – veículos, armamentos, vestuário e alimentos. Sua história, ou a história do grupo de homens, civis e militares, que o integram começa no dia mesmo da eclosão da revolução, 31 de março de 1964, na Federação das Indústrias de São Paulo. [...] Naqueles dias **previa-se que houvesse resistência ao movimento militar desencadeado no país e isto colocou de sobreaviso as Forças Armadas, que procuraram meio de mobilizar a indústria** (*Folha de S. Paulo apud* Monteleone; Sereza, 2017, p. 97).

Enfim, quando dizemos máquina *de guerra* da conspirata e do golpe de Estado e de classe, note-se sempre, não estamos utilizando metafórica figura de linguagem. De fato, na concretude histórica, a burguesia paulista golpista e insurgente, ao lado das forças militares e policiais do estado *bandeirante*, preparou-se e armou-se para uma guerra civil interna. Uma frase que desponta em memórias de antigos conspiradores e golpistas de São Paulo é ilustrativa para a compreensão da mobilização industrial-militar no estado. A saber: "32 + 32 = 64". As elites paulistas retomavam no imaginário a experiência da "heroica", assim chamada, "Revolução" Constitucionalista de 1932. E 1932 configurou um esforço de guerra "heroico" da indústria paulista e das forças militares e policiais do estado. Mobilizaram-se em luta armada contra o governo Vargas, à época líder de uma assim também chamada "Revolução" de 1930. A mobilização industrial-militar que se consolidou vitoriosa em 1.º e 30 de abril de 1964, com o golpe e a oficialização do GPMI da Fiesp, concretizou-se sob esse imaginário ideológico. Repetir-se-iam as guerras civis internas, a de 1932 contra Vargas seria substituída pela de 1964 contra Jango?

Se a história não se repete, ora farsa, ora tragédia, os conspiradores paulistas do pré-1964 foram capazes de organizar e se preparar para uma guerra interna que, não vindo, com a instauração da ditadura, constituiu uma lucrativa indústria bélica nacional. O que foi processado, em gênese menos remota do que em 1932, dentro das articulações e conexões viabilizadas pelo *complexo Ipês/Ibad/ESG/Fiesp*. O GPMI empresarial-militar anticomunista de São Paulo, portanto, deve ser computado como mais um dos labirintos da máquina do golpe do pré-1964.

> A noção de 'mobilização industrial' é crucial para a compreensão das dimensões econômica, militar e política do aparelho que estava sendo criado – privado, porém, com forte e fundamental inserção no Estado, já que dele participavam, oficialmente, representantes das Forças Armadas (Lemos, 2018, p. 79).

Comentando trecho citado do capitão de indústria **Theobaldo de Nigris**, o historiador Renato Luís do Couto Neto Lemos destaca que

> [...] a perspectiva ideológica de inserção da mobilização industrial na batalha contra o comunismo fica evidenciada no pronunciamento que um presidente da FIESP faria para explicar a estagiários e integrantes do corpo permanente da Escola Superior de Guerra (ESG) o surgimento do GPMI (Lemos, 2018, p. 82).

E qual natureza desse nexo empresarial-militar da máquina de guerra golpista do pré-1964, tão unicamente encarnada na experiência político-econômica conspirativa que enseja a oficialização do GPMI da Fiesp? Segundo referido historiador,

> [...] a natureza empresarial-militar desta aliança se explica por dois dos principais móveis da sua ação política: **preservar a ordem capitalista interna diante de supostas ameaças comunistas e ajustar o sistema estatal à dinâmica do capitalismo mundial**. A construção de um complexo industrial-militar é bem a síntese desse duplo objetivo (Lemos, 2018, p. 102).

Aquilata-se, dessa forma, o teor do nexo empresarial-militar anticomunista da conspiração e do golpe vitorioso em 1964, lembrando-se sempre, com José Paulo Neto, a importância de meditar sobre o poder ideológico anticomunista, como arma de guerra às contrarrevoluções burguesas preventivas da história brasileira: "**que se guarde esta lição da história: o *anticomunismo sempre serviu à antidemocracia***" (Netto, 2014, p. 73). E que não se esqueça especificamente de que "**Jango caiu porque encarnou a figura de um reformista burguês democrata e nacionalista no momento mesmo em que a burguesia brasileira recusava qualquer projeto reformista de caráter democrático e nacional**" (Netto, 2014, p. 73). Por isso é que "**o golpe de Estado de 1964, em sua objetividade histórica, foi uma ruptura ao processo democrático que estava em marcha**" (Rago Filho, 2001, p. 160).

> Do prisma antipopular, antidemocrático e pró-imperialista, foi o combate ao social-progressismo inerente à política dos trabalhistas, identificada erroneamente com a *república sindical*, o *nacionalismo exacerbado* e a *algaravia populista*. O temor mais profundo sentido pelos ideólogos do capital atrófico era a possibilidade da **instauração de uma república democrática**, que consumasse as pretendidas reformas de base abraçadas pelos trabalhadores do campo e da cidade (Rago Filho, 2001, p. 160).

Depois do exposto, analisa-se a seguir o teor ideológico, as cosmovisões, dos gestores da conexão empresarial-militar anticomunista da ditadura entronizada em 1964.

Bonapartismo e *Ideologia 64*: o binômio maldito – Segurança Nacional e Desenvolvimento

A seguir, trata-se de decifrar o teor empresarial-militar anticomunista inscrito na doutrina oficial da ditadura instaurada em 1964. O que chamamos de "estrutura ideológica da autocracia burguesa bonapartista" (Rago Filho, 1998; Machado, 2015).

Tome-se por exemplo o já citado conspirador e fundador do GPMI da Fiesp, seu futuro presidente, Theobaldo de Nigris, que se juntou à **"prática suja e indigna dos empresários no financiamento da repressão oficial"** (Rago Filho, 1998, p. 05). "Sobre a possível atuação do GPMI e de seus membros na posterior formação da **Operação Bandeirante**", a Comissão Nacional da Verdade (CNV) concluiu, em 2014,

> [...] que há indícios de que existia '**uma linha de continuidade, desde o golpe, na relação de empresários com a estrutura coercitiva do regime e a perpetração de graves violações dos direitos humanos'**, salientando que se encontra, 'na relação entre segmentos empresariais e as estruturas militares do Estado, uma das expressões mais significativas da participação civil no regime militar' (Monteleone, 2016, p. 184).

A Fiesp dirigida por "Theobaldo de Nigris e seus acólitos, [que] financiaram – sem nenhum peso na consciência – a repressão ao 'inimigo interno' com requintes de crueldade" (Rago Filho, 1998, p. 05), é uma expressão concentrada do autocrático e violento da burguesia paulista e do Brasil. Em 1964, é preciso sumariar:

> O capital põe-se a serviço da brutalidade e das práticas de tortura, do desaparecimento, do aniquilamento, da humilhação, em suma, práticas de uma burguesia vil, covarde e indiga. Marcas a ferro e fogo de uma burguesia que não pode expressar a universalidade do civilismo burguês (Rago Filho, 1998, p. 5).

De "**conformação hipertardia**"[45], é preciso levar histórica e historiograficamente a sério "**a natureza bonapartista da burguesia brasileira**" (Rago Filho, 2001, p. 163).

> A associação ao capital estrangeiro, face à apropriação dual da mais-valia, a mantém numa posição inferior como parte de sua natureza *atrófica*, potencializando **a reprodução do *arcaico* na processualidade de sua *modernização excludente*** (Rago Filho, 1998, p. 6).

Historicamente, como salientou o filósofo J. Chasin, "'**o quadro brasileiro da dominação proprietária é completado cruel e coerentemente pelo exercício autocrático do poder político**'" (Chasin *apud* Rago Filho, 1998, p. 17).

Para a burguesia brasileira, "'**a reiteração da excludência entre evolução nacional e progresso social é sua única lógica, bem como em verdade, há muito de eufemismo no que concerne à assim chamada *evolução nacional***" (Chasin *apud* Rago Filho, 1988, p. 17). Assim como 1937 com a ditadura que instaurou o Estado Novo, 1964 foi o momento em que se concretizou a "**explicitação da natureza *bonapartista* da dominação de nossos proprietários**": "Esta **forma da dominação autocrático-burguesa constituiu-se num domínio exercido *de modo indireto* pelo conjunto da burguesia, pelas armas, subjugando, castrando ou atrelando os poderes legislativo e judiciário**" (Rago Filho, 1988, p. 15)[46]. O *bonapartismo* brasileiro configurou uma máquina de guerra nacional contra o trabalho. A ditadura instaurou-se como uma "**forma *bonapartista* da dominação do *capital atrófico*, em mais de vinte anos**" (Rago Filho, 1998, p. 7).

---

[45] Embora sem tematizar a ditadura explicitamente como uma forma de *bonapartismo* brasileiro, José Paulo Netto delineia a conformação autocrática da burguesia brasileira, (in)civilismo burguês. Nossa burguesia "**nunca teve nada a ver com a burguesia empreendedora, animada por ideais emancipadores, a burguesia de meados do século XVIII a 1848**", "não dispôs nunca de impulsos para realizar uma revolução *burguesa* à moda 'clássica', liquidando o latifúndio (lembre-se que, originalmente, a reforma agrária é uma das tarefas da revolução burguesa) e defendendo a soberania nacional" (Netto, 2014, p. 75). "Entre nós, **o desenvolvimento capitalista não se desvencilhou dessas formas arcaicas (como o monopólio da terra, o latifúndio), não liquidou o 'atraso' – pelo contrário, o desenvolvimento capitalista, aqui, se operou *refuncionalizando* tais formas**: não destruiu o 'atraso', incorporou-o; trocando em miúdos: no Brasil, o capitalismo se desenvolveu *sem realizar o que, em países centrais, foram as reformas burguesas*" (Netto, 2014, p. 76).

[46] "Esta estrutura de poder burguês montada sob um executivo absolutizado, forte, ditatorial, foram capturadas por Marx e Engels em suas análises históricas do poder imperial de Napoleão III e de Bismarck no período guilhermino [...] Marx fez severas críticas à condução bonapartista do poder imperial ao determinar a sua prática impiedosa, tal como uma **'máquina de guerra nacional contra o trabalho'**" (Rago Filho, 1988, p. 15).

Vertentes bonapartistas: castelistas e "linha dura"

O *bonapartismo* brasileiro teve como eixo ideológico aglutinador o anticomunismo e entreteceu sua doutrina pelo binômio maldito da Ideologia 1964: Segurança Nacional e Desenvolvimento. Embora tendo existido duas vertentes principais do bonapartismo de 1964, como se verá, todos os seus representantes uniram-se sob o signo da ideologia anticomunista. Assim, "os dogmas do *ideário de 1964* objetivam o resguardo da ordem, no sentido de conservação das estruturas essenciais do capitalismo, de preservação dos valores da ordem, da família, da propriedade e da religião cristã" (Rago Filho, 2001, p. 182). "*Sob este Signo, Vencerás!*", ideologia mobilizador do "bonapartismo da contrarrevolução das classes dominantes uniu-se contra o 'perigo vermelho'" (Rago Filho, 2001, p. 182). A Ideologia 1964, desse modo, combateu "com as armas da *segurança* e do *desenvolvimento* da ESG e/ou do capital: repressão sistemática ao *inimigo interno* e aceleração do crescimento econômico do capitalismo" (Rago Filho, 2001, p. 183).

O anticomunismo empresarial-militar, pois, aglutinou o *partido da ordem* bonapartista pós-1964, que

> [...] acreditava que a aceleração do desenvolvimento do capital industrial permitiria a diminuição das desigualdades regionais, fortalecendo a coesão nacional, assim como, **na guerra contra o comunismo internacional**, propiciaria a formação de uma indústria bélica para a *segurança nacional* (Rago Filho, 2001, p. 184).

O primeiro ciclo bonapartista foi presidido pelo marechal ditador Humberto de Alencar Castelo Branco. Os *castelistas* eram ligados à Escola Superior de Guerra (ESG), interligada ao *complexo Ipês/Ibad* por intermédio do general Golbery do Couto e Silva, como visto, diretor do Grupo de Levantamento de Conjuntura (GLC) do Ipês carioca. O general Golbery, teórico da geopolítica esguiana, interditava a existência dos *povos*, salientando: "*Os povos são um mito: só existem as nações, e a nação é o Estado.* Sendo assim, caberia às elites dirigentes a missão de resolver as contradições e impasses da realidade nacional" (Rago Filho, 2001, p. 72).

> 'Na visão conservadora do mundo', '*O brasileiro é de centro*'. Esta simples afirmação golberiana traduz **a concepção do castelismo, de que o homem brasileiro é um ser social**

> **ligado à moderação e ao equilíbrio. Há que afastar, portanto, as posições polares: a extrema-esquerda e a extrema-direita** (Rago Filho, 1988, p. 10).

Tanto os castelistas, que encontraram em Golbery seu porta-voz doutrinário, quanto os *duristas* nutriam essa **visão aristocrática** da *Ideologia 1964*: "[...] pelo desprezo ao povo em sua capacidade política na constituição nacional, somente uma intelectualidade portadora da nova doutrina e da plena intelecção dos dilemas do mundo contemporâneo podia assegurar a destinação social" (Rago Filho, 2001, p. 172). Em suma, "os gestores do capital atrófico", castelistas e *duristas*, acreditaram na possibilidade de um capitalismo sem contradições, bastando para tal a desagregação permanente dos movimentos populares (Rago Filho, 2001, p. 172). Os castelistas foram quem melhor sistematizou a *interdependência* do Brasil *com o mundo ocidental*, aos EUA prioritariamente.

> A defesa castelista do *capitalismo associado*, uma vez reconhecida nossa posição hierarquicamente inferior aos EUA, perpassa inteiramente a ideologia da autocracia burguesa. Gestores que atendem também aos desígnios da *segurança internacional* do capital imperialista (Rago Filho, 2001, p. 167).

E sua tônica – ou ilusão – principal consistiria em apostar no caráter provisório do regime instaurado em 1964, sinalizando para uma "*restauração do regime democrático*, num prazo determinado"; os *castelistas* apostavam "na defesa de uma segurança nacional institucionalizando-se basicamente a repressão interna para a manutenção da ordem social e política, a fim de promover a caça e rápida erradicação dos subversivos" (Rago Filho, 2001, p. 169).

A vertente *castelista* do bonapartismo de 1964, portanto, propusera um plano de *normalização* futuro, tanto assim que o Ato Institucional de 9 de março não estava enumerado e previra eleições para 1966, bem como "a passagem para um governo civil, por meio de eleições diretas – mesmo assegurando certos padrões jurídicos da *legislação outorgada*", não descartando também "as mudanças necessárias tendo em vista um novo ciclo de acumulação do capital em nosso país" (Rago Filho, 2001, p. 179). Em síntese, "a ideologia castelista prometeu uma autêntica *restauração democrática*" (Rago Filho, 2001, p. 179-180):

> Prometia também que jamais o novo *regime* se transformaria numa ditadura. O tempo da intervenção militar seria o

suficiente para um combate eficaz aos *inimigos internos*, comprometidos com a *república sindical*, mesclando nesse rótulo os comunistas, os socialistas, os trabalhistas, os *sindicalistas pelegos*, os estudantes *infiltrados*, os políticos subversivos e corruptos. [...] Levada às últimas consequências a *operação limpeza*, esta caça aos 'subversivos e corruptos', respingava também no próprio *núcleo* da conspiração de 1964, em virtude da luta interna (Rago Filho, 2001, p. 179-180).

Os opositores dos *castelistas* configuraram a chamada "linha dura", vertente "*sincera, mas radical,* **que propugnava uma** *revolução permanente,* **um prolongamento da autocracia bonapartista sem um fim previsto,** mas não possuía nenhum projeto dirigido à sociedade" (Rago Filho, 2001, p. 170-171). A continuidade da "Revolução de 1964", de fato, uma proposta de *contrarrevolução permanente* e perenização da autocracia burguesa bonapartista, vertebrou a prática e o ideário dos *duristas* da *Ideologia 1964*. As dificuldades do governo Castelo Branco e de sua ala bonapartista, portanto, provieram "**da cisão militar entre os 'moderados' (grupo da Sorbonne) e a 'linha dura'**" (Rago Filho, 2001, p. 171).

> Para os moderados, como Castelo, a Revolução de 1964 devia ser concebida como uma restauração democrática. Independentemente das intenções pessoais de Goulart, a infiltração da extrema esquerda na administração e a crescente frustração econômica tinham levado o país a uma radicalização. **Pairava no ar o espectro da 'revolução sindicalista'. Para a 'linha dura', entretanto, as prioridades eram diferentes. A guerra à corrupção e à subversão era um objetivo em si mesmo, postergando-se a 'restauração democrática' até que estivesse concluída a tarefa moralizadora** (Rago Filho, 2001, p. 171).

Isto é, os *castelistas* sustentavam "a crença na *transitoriedade* da ditadura sob Castelo Branco" (Rago Filho, 1998, p. 07) e a "linha dura" manteve o ideário, a prática e a ilusão de ser possível sustentar a *continuidade* "revolucionária". Os *duristas*, na síntese do jornalista político Carlos Castelo Branco, o *Castelinho*, consideravam "inesgotável o poder constituinte que se atribuíram os chefes militares", forçando Castelo Branco a ceder à pressão "para prorrogar o seu mandato e para outorgar um Ato n.º 2, quando não havia um Ato n.º 1, mas apenas um Ato'" (Branco *apud* Rago Filho, 1998, p. 07-08). O próprio *Preâmbulo à Nação* do Ato Institucional de 9 de abril, redigido pelo jurista reacionário Francisco Campos, autor da *Carta Política de 1937* da ditadura estadonovista, deixava claro que:

> 'A revolução vitoriosa se investe no exercício do Poder Constituinte. Este se manifesta pela eleição popular ou pela revolução. Esta é a forma mais expressiva e mais radical do Poder Constituinte'. Buscando evitar os termos que sempre utilizou para os subversivos, como golpistas, conspiradores, oportunistas, agora se pretende um 'autêntico' poder constituinte, não por um processo democrático, mas pela via das armas: 'Os chefes da revolução vitoriosa, graças à ação das Forças Armadas e ao apoio inequívoco da Nação, representam o Povo e em seu nome exercem o Poder Constituinte de que o Povo é o único titular' (Rago Filho, 1988, p. 8).

Enquanto o primeiro ditador Castelo buscou constitucionalizar os institucionais, depois de ser forçado a assinar o Ato Institucional n.º 2 – e se não o fizesse seria deposto pelos duristas –, com a entronização do marechal Arthur da Costa e Silva a "linha dura" assume o poder. Considerado o "Tio Velho" entre essa vertente *radical* da Ideologia 1964, Costa e Silva defendeu a necessidade de uma institucionalização da estrutura jurídico-política ditatorial e "o dínamo que preservaria a dominação autocrática reside, precisamente, na preservação legal da tutela militar, no caminhar sobre os trilhos demarcados pela incorporação às normas jurídicas dos cânones da 'Revolução de 64'" (Rago Filho, 2001, p. 186). "**'A democracia tem de armar-se para defender-se daqueles que se valem das suas franquias para destruí-la'**" (Costa e Silva *apud* Rago Filho, 2001, p. 186).

Com o "golpe dentro do golpe" – no jargão bonapartista, a "Revolução dentro da Revolução" –, a "linha dura" empalmou o poder e seus *radicais* "acabaram por impor a *continuidade revolucionária* com o Tio Velho" (Rago Filho, 2001, p. 186). Isto é, os *duristas* – à diferença dos *castelistas* – da Ideologia 1964 tinham "a intenção **do prolongamento da ditadura militar, com as Forças Armadas assumindo a forma de uma espécie de partido único**, afastando de vez a possiblidade de eleições diretas". Novamente, Castelinho, em suas colunas no *Jornal do Brasil*, decifrara o *continuísmo contrarrevolucionário* da "linha dura":

> A tutela militar do regime e do País, preconizada pelo general Costa e Silva, se assenta numa preliminar inquietante: **manter as instituições sob sinal de emergência até que, possivelmente daqui a dez anos, as sirenes apitem o sinal de céu claro** [...] seu Ministro da Guerra parece entender **que**

> a emergência deve perdurar e se prolongar, por decisão e a critério das 'Forças Armadas', a que deu o status de verdadeiro partido político '-uma espécie de partido único da Revolução' (Branco *apud* Rago Filho, 2001, p. 189).

Interditada a posse do vice-presidente de Costa e Silva, o civil Pedro Aleixo, por ter tido votado contra a aprovação do AI-5 em 13 de dezembro de 1968, "os *duristas* se garantiram com a 'eleição' amplamente manipulada entre os pares castrenses, efetivando o general Emílio Garrastazu Médici" (Rago Filho, 2001, p. 191). O ministro da Justiça do ditador Médici, Alfredo Buzaid, sumariou e defendeu como ninguém essa propagação da "linha dura" por prolongar a "Revolução de 1964":

> **Esta Revolução constitui uma nova atitude do homem em face dos problemas fundamentais da Pátria. Para realizá-la, há necessidade de tempo**, trabalho e perseverança no ideal [...] **Uma Revolução que surgiu para valer por decênios não pode exaurir-se num único lustro**. A ideia de revolver é substituída pela ideia de evolver (Buzaid *apud* Machado, 2015, p. 729).

Novamente, foi o jornalista político *Castelinho* quem decifrou esse continuísmo contrarrevolucionário na vertente medicista da Ideologia 1964: Buzaid afirma que

> [...] a Revolução precisa de tempo, e sobretudo de ausência de tempo definido, para realizar seus objetivos de promoção do progresso nacional. O Ministro da Justiça não considera relevante a normalização institucional nem acha que o país se deva a esta altura preocupar com a organização de um Estado de direito. **Ele prega a continuidade, senão a eternização do Estado revolucionário. É a revolução permanente de um trotskismo às avessas** (Branco *apud* Machado, 2015, p. 124).

Assim, com o *medicismo*, expressão da "linha dura" ao lado do **costismo**,

> [...] um novo ciclo da contrarrevolução se apresentara com **o *slogan* do *desenvolvimento acelerado com segurança máxima***, a repressão extrema para que a reprodução ampliada do capital assentada numa dupla violência conseguisse o que seria denominado o *milagre econômico brasileiro* (Rago Filho, 2001, p. 191).

Porém, em meados de 1973, com a crise do *milagre econômico brasileiro* – terrorismo de Estado com arrocho salarial da força de trabalho e superlucros aos capitalistas –, "as próprias forças do capital passaram a exigir um processo de autorreforma da ditadura militar, compartilhando da *conciliação pelo alto*, com uma transição leta, segura e gradual, que propiciaria a mudança de forma do poder autocrático" (Rago Filho, 2001, p. 195). O governo do ditador Ernesto Geisel, assim, representou o retorno da vertente *castelista* ao poder de Estado bonapartista. Ou seja, esgotado o "milagre econômico brasileiro", o slogan da "linha dura" *Segurança Nacional* máxima e *Desenvolvimento* acelerado inviabilizou-se, e a saída geiseliana/castelista, também, não deixou de reiterar, à sua maneira, os "contornos da mesma configuração da *modernização excludente*" do período *medicista*. Contudo,

> [...] a tutelagem militar deveria não só manter a ordem, mas com uma doutrina de desenvolvimento e segurança, mobilizar e unificar as energias sociais a fim de conseguir **um ritmo de *desenvolvimento possível com segurança mínima*, assentado na *estabilidade interna*, consubstanciada na institucionalização da autocracia burguesa** (Rago Filho, 2001, p. 197).

Esse projeto de autorreforma geiseliano/castelista – sendo a "Antista lenta, gradual e segura" seu carro-chefe –, sem embargo, foi combatido como sendo a "Revolução traída" pela ala da "linha dura". É nesse contexto que a intentona golpista contra Geisel por seu ministro de Exército Sylvio Frota e todas os atentados terroristas à bomba da década de 1980 devem ser compreendidos. Apesar de seu caráter "radical", ou por causa dele, também a "linha-dura" da Ideologia 1964 conseguiu internacionalizar-se em redes extremistas da Guerra Fria, notadamente na Liga Mundial Anticomunista (WACL), e na sua congênere regional ligada à Operação Condor, a Confederação Anticomunista Latinoamericana (CAL) (Machado, 2020). O citado "trotskista às avessas", o ministro da Justiça de Médici Alfredo Buzai, foi um dos representantes da "linha dura" brasileira internacionalizada já na época da Guerra Fria.

Conclusão

A compreensão dos móveis históricos do golpe de Estado e de classe de 1964, portanto, constituiu o esforço da primeira parte deste capítulo. Barrar e reverter Reformas de Base trabalhista, encampadas pelo governo João Goulart com amplo apoio das classes trabalhadoras e populares, portanto, buscou impedir o medo-pânico da burguesia brasileira: a instauração de uma República popular no país. O anticomunismo empresarial-militar, como visto, serviu de arma de guerra nesse esforço da conspirata e da preparação do golpe de 1964.

A segunda parte deste capítulo, ademais, procurou reconstituir a cosmovisão da Ideologia 1964, o ideário dos gestores do capital atrófico e do último bonapartismo brasileiro. Debruçou-se, especialmente, sobre a necessidade de se compreender as principais vertentes da Ideologia 1964, a ala castelista e a chamada "linha dura". Não que a primeira fosse "branda" ou "moderada" – também Geisel, como documentado, autorizou assassinatos políticos extrajudiciais de "subversivos perigos". Porém, o busílis – o "x" da questão – foi identificar os embates entre a transitoriedade ou a perenização da tutela militar bonapartista no regime instaurado pós-1964.

Enfim, a compreensão do poder e estrutura da Ideologia 1964 ajuda-nos, no presente, a compreender o perfil do maior movimento popular, policlassistas, da extrema-direita brasileira. É a vertente da "linha-dura" do bonapartismo de 1964 – em sua cartilha de Júpiter: guerra anticomunista e contrarrevolução permanentes – que vertebra a cosmovisão e prática do bolsonarismo. Não é uma simples coincidência o fato de um de seus principais ministros, o general Augusto Heleno, ter sido ajudante de ordem do general Sylvio Frota, que lançou a intentona golpista contra o plano de autoanistia e autorreforma da ditadura militar brasileira. Não é à toa, igualmente, que o próprio Jair Bolsonaro, à época capitão, envolveu-se com ameaças de atos terroristas à bomba, durante a "redemocratização". Essa linhagem *durista* do bonapartismo brasileiro combate, por meio do terrorismo militar, o projeto castelista/geiseliano de autorreforma. No século XXI, conseguiu estruturar um novo militarismo/bonapartismo, mais perigoso, de mobilização de massas, portanto, fascistizante.

Referências

BORGES, Rodolfo. Documento da CIA relata que cúpula do Governo militar brasileiro autorizou execuções. **El País**, 10 maio 2018.

DA SILVA, Vicente Gil. **Planejamento e organização da contrarrevolução preventiva no Brasil:** atores e articulações transnacionais (1936-1964). 2020. Tese (Doutorado em História) – Universidade Federal do Rio de Janeiro, Rio de Janeiro, 2020.

DREIFUSS, René Armand. **1964:** A conquista do Estado. Ação Política, Poder e Golpe de Estado. Petrópolis: Vozes, 1981.

FERNANDES, Florestan. **A revolução burguesa no Brasil: ensaio de interpretação sociológica**. Curitiba: Kotter Editorial; São Paulo: Editora Contracorrente, 2020.

LEMOS, Renato Luís do Couto Neto. O Grupo Permanente de Mobilização Industrial (GPMI) e o regime ditatorial no Brasil pós-1964. *In:* MARTINS, Mônica de Souza Nunes; CAMPOS, Pedro Henrique Pedreira; BRANDÃO, Rafael Vaz da Motta. **Política econômica nos anos de chumbo.** Rio de Janeiro: Consequência, 2018.

MACIEL, Alice. Vídeo mostra participação de Bolsonaro em depoimento sobre atentado a bomba no Rio Centro. **Agência Pública**, 30 abr. 2024.

MACHADO, Rodolfo Costa. A internacionalização da extrema-direita brasileira na Guerra Fria: do movimento secundarista anti-Goulart à Liga Mundial Anticomunista na ditadura (o nexo CLACE-SEPES, 1962-1977). **Germinal**: marxismo e educação em debate, Salvador, v. 16, n. 1, p. 616-636, abr. 2024.

MACHADO, Rodolfo Costa. **Por dentro da Liga Mundial Anticomunista – gênese e gestão da WACL:** filonazistas, contrarrevolução asiática e o protótipo latinoamericano da Operação Condor (1943-1976). 2022. Tese (Doutorado em História) – Pontifícia Universidade Católica de São Paulo, São Paulo, 2022.

MACHADO, Rodolfo Costa. Juristas de Exceção. *In*: MONTELEONE, Joana (org.). **À espera da verdade**: empresários, juristas e elite transnacional – história de civis que fizeram a ditadura. São Paulo: Alameda, 2016.

MACHADO, Rodolfo Costa. **Alfredo Buzaid e a contrarrevolução burguesa**: crítica histórico-imanente da ideologia do direito, da política e do Estado de

Justiça bonapartista. 2015. Dissertação (Mestrado em História) – Pontifícia Universidade Católica de São Paulo, São Paulo, 2015.

MONIZ BANDEIRA, Luiz Alberto. **O governo João Goulart:** as lutas sociais no Brasil, 1961-1964. São Paulo: Unesp, 2010.

MONTELEONE, Joana *et al*. Uma nova diretoria da Fiesp: o Grupo Permanente de Mobilização Industrial. *In*: MONTELEONE, Joana (org.). **À espera da verdade:** empresários, juristas e elite transnacional – história de civis que fizeram a ditadura. São Paulo: Alameda, 2016.

MONTELEONE, Joana; SEREZA, Haroldo Ceravolo. O GPMI da Fiesp, a Escola Superior de Guerra e a Doutrina de Segurança Nacional na mobilização empresarial-militar no pré e no pós-1964. *In*: MACHADO, André Roberto de A.; TOLEDO, Maria Rita de Almeida (org.). **Golpes na história e na escola:** o Brasil e a América Latina nos Séculos XX e XX. São Paulo: Cortez: ANPUH-SP – Associação Nacional de História-Seção São Paulo, 2017.

NETTO, José Paulo. **Pequena história da ditadura brasileira (1964-1985)**. São Paulo: Cortez, 2014.

RAGO FILHO, Antonio. Sob este signo vencerás! A estrutura ideológica da autocracia burguesa bonapartista. **Cadernos AEL**, 14/14, Tempo de Ditadura: do golpe de 1964 aos anos 1970, v. 8, n. 14/15, primeiro e segundo semestres de 2011.

RAGO FILHO, Antonio. **A Ideologia 1964:** os gestores do capital atrófico. 1998. Tese (Doutorado em História) – Pontifícia Universidade Católica de São Paulo, São Paulo 1998.

6

CULTURA E TRABALHO NA VENEZUELA CHAVISTA: OS EMBATES COM O NEOLIBERALISMO (1999-2013)

Tiago Santos Salgado
Vera Lucia Vieira

Introdução

O neoliberalismo se apresenta como uma das principais formas teóricas e ideológicas que norteia os fundamentos para a formulação de políticas públicas em diversas regiões do mundo, em especial na América Latina, desde o final dos anos de 1980. Isso não quer dizer que o neoliberalismo passou a existir apenas nesse período, uma vez que suas primeiras elaborações teóricas começam ainda nos anos de 1930, ganhando uma série de manifestações específicas, como demonstram a Escola de Chicago, a Escola Austríaca e o Ordoliberalismo alemão, por exemplo (Harvey, 2013; Tognonato, 2014; Tribe, 2007).

No entanto, apesar de suas diferenças, as correntes neoliberais compartilham entre si a ideia de que o mercado e a super individualização dos sujeitos são os elementos essenciais para a otimização dos sistemas econômicos e o consequente desenvolvimento social. Essa perspectiva não significa a ausência de Estado, mas sim a construção de uma ordem social específica, em que os valores do mercado são centrais e se apresentam como os reguladores de todas as interações sociais.

Nesse sentido, o Estado cumpre uma função importante, seja "encapsulando" o mercado (Slobodian, 2021) como defendem os ordoliberais, por meio da elaboração de uma Constituição econômica ou pela ação das forças policiais e repressoras contra movimentos sociais e sindicatos que visam garantir e ampliar direitos trabalhistas. De qualquer forma, o papel do Estado para o neoliberalismo é essencial para a construção daquilo que

Dardot e Laval (2017) chamam de "nova razão do mundo", ou seja, uma sociabilidade em que o paradigma social é a concorrência, em uma lógica em que todos, inclusive os indivíduos, se comportam como empresas e concorrem entre si mediante seu capital humano.

São esses, basicamente, os princípios que passaram a se expandir na América Latina após os EUA instituírem o Consenso de Washington, que, sob a responsabilidade dos *Chicagos boys*, visava tutelar a economia latino-americana após as crises dos anos de 1980 e 1990. Assim, o receituário era claramente neoliberal, com a diminuição dos gastos públicos, achatamento salarial, privatizações e repressão contra movimentos sociais e, em particular, os encetados pelos trabalhadores.

A Venezuela, no final dos anos de 1980 e começo de 1990, seguiu a cartilha neoliberal por meio do sistema político conhecido como Pacto de Punto Fijo, instalado no ano de 1958 após a ditadura de Marcos Perez Jimenez e que previa o revezamento entre os dois principais partidos do país, a *Accion Democratica* e a *Copei*. Tal revezamento ocorreu dentro dos princípios da Guerra Fria, ou seja, com a repressão contra movimentos sociais liderados pelas "esquerdas", mas reproduzindo-se nos limites da democracia liberal. Soma-se a isso o aumento das rendas petroleiras na Venezuela, o que acelerou o processo de modernização do país por intermédio do Estado Mágico (Coronil, 2016) venezuelano.

Como pensar os princípios do neoliberalismo em um país em que o Estado se coloca como principal indutor do desenvolvimento e da modernização? Os políticos *puntofujistas* buscaram se alinhar ao Consenso de Washington como uma forma de aprofundamento das relações entre Venezuela e EUA, as quais já se estreitavam desde o início da extração de petróleo venezuelano por empresas estadunidenses ainda na década de 1920.

No entanto, uma vez colocado em prática o pacote de medidas neoliberais o resultado foi desastroso. Desemprego, miséria, diminuição da renda média, aumento do custo de vida e sucateamento dos serviços público resultaram em uma grande manifestação popular em fevereiro de 1989 conhecida como *Caracazo*, evento que marca o fim político do *puntofijo*.

É nesse contexto de crise institucional, social e econômica que o então tenente-coronel Hugo Chávez aparece na cena política. Primeiro com uma tentativa de golpe militar em 1992 e, posteriormente, se lançando candidato à presidência da República nas eleições de 1998, quando se sagrou vencedor com forte apoio popular. E aqui nos cabe um adendo sobre algumas particularidades deste país.

Uma vez eleito presidente, Chávez colocou em prática uma reforma constitucional e uma série de medidas que visavam refundar o Estado venezuelano. Uma das primeiras medidas foi a mudança nas políticas de preços e de cobrança de *royalties* da PDVSA, a estatal petroleira venezuelana.

Obviamente a oposição se rearticulou e, com a participação dos EUA, tentou um golpe contra o então presidente eleito em 2002. O golpe fracassou e teve como uma de suas consequências o aumento da popularidade de Chávez e a organização de uma base de apoio social que legitimava suas políticas, em especial a criação das *Missiones*, que tinham como objetivo redistribuir parte da riqueza proveniente do petróleo. Juntamente a essas medidas, Chávez passou a utilizar uma retórica cada vez mais agressiva contra os EUA, enquanto buscava diversificar os parceiros econômicos venezuelanos. A parceria com Cuba, China e Rússia, além das iniciativas que visavam ao fortalecimento da integração dos países latino-americanos, passou a ser atacada pela oposição, que tinha voz em grandes veículos de imprensa na Venezuela e fora dela. Uma vez que golpe militar "tradicional" havia falhado a oposição venezuelana abraça a ingerência dos EUA, que, ante a ameaça de perder o controle sobre o petróleo venezuelano, amplia os financiamentos e os treinamentos para a oposição, sob a alegação de que Chávez colocava em prática um governo que não estava inserido nas normas neoliberais.

Com o acirramento da oposição, Chávez também vai radicalizando suas posições políticas, dando início ao que classificou como a "Revolução Bolivariana" com o objetivo de construir o "socialismo do século XXI".

A relação entre EUA e Venezuela: em nome da "segurança nacional"

A participação dos EUA no engendramento de golpes de Estado, no apoio a ditaduras genocidas, em intervenções diretas não é novo e é reconhecidamente parte da história dos países latino-americanos, a qual não pode ser entendida sem levar em consideração o fato de que ao norte de suas fronteiras existe uma nação que entende seus vizinhos como fonte de matérias-primas, mercado consumidor e eventual parceiro para seu fortalecimento na ordem internacional.

Os documentos disponíveis no site *Wikileaks*, o qual, desde 2006, se dedica a divulgar informações confidenciais de grandes empresas, nações e órgãos governamentais, demonstram como os EUA entendem as mudanças políticas colocadas em prática na Venezuela pelo governo Hugo Chávez, a partir de sua eleição em 1998, e a forma como buscam impor aos países latino-americanos um modelo de integração particular, que visa aumentar os privilégios dos EUA, ao mesmo tempo que mantém a subordinação latino-americana.

Ao disponibilizar documentos[47] até então secretos da embaixada dos EUA em diversos locais do mundo, o *Wikileaks*, que tem como um de seus membros do conselho consultivo e principal porta-voz o australiano Julian Assange, possibilitou a todos os interessados um maior entendimento sobre os bastidores da política internacional.

O aparato diplomático dos EUA recebe a cada ano mais de um bilhão de dólares para *public diplomacy*, termo utilizado para fazer referência à verba destinada a propaganda, influenciar jornalistas e financiar a "sociedade civil"[48], para que esses agentes sociais possam ser a voz do Departamento de Estado em diferentes localidades do mundo (Assange, 2015, p. 7)[49].

Esses documentos confidenciais permitem perceber que iniciativas progressistas, como a promoção de programas e direitos sociais, colocadas em práticas em países da América Latina no início do século XXI, não foram bem aceitas pelos EUA, uma vez que foram entendidas como uma ameaça aos seus interesses econômicos na região. É nesse sentido que os documentos disponibilizados no *Wikileaks* abrem a possibilidade de mapear como se deu a ingerência dos EUA na Venezuela durante o período proposto, demonstrando as formas utilizadas pelo governo estadunidense para desestabilizar o governo Chávez, uma vez que este não seguia diretamente as orientações de Washington.

---

[47] As traduções dos documentos citados no corpo do texto estão em nota de rodapé e são traduções livres do autor.

[48] O conceito de sociedade civil aqui referido é tomado na perspectiva da política externa norte-americana, ou seja, aqueles setores organizados da burguesia considerados seus parceiros. Tal perspectiva se expressa no conjunto dos documentos e não como propositura teórica e, na presente pesquisa, o uso desse conceito nessa perspectiva aparecerá sempre entre aspas.

[49] A importância dos documentos disponibilizados no *Wikileaks* pode ser mensurada com a pressão que o governo dos EUA fez para impedir que os documentos fossem publicados em veículos de imprensa e na perseguição judicial que os idealizadores do portal em questão sofrem por parte dos EUA (Assange, 2015).

Historicamente, intervenções militares, sob o pretexto de combate ao comunismo, foram utilizadas para derrubar governos democraticamente eleitos, sendo estas a abordagem mais comum dos EUA, sempre que algum país latino-americano busca uma alternativa que promova o desenvolvimento nacional, mais alinhada com os interesses da região. Tais diretrizes vêm compondo, ao longo do século XX, as "políticas de segurança nacional" para a América Latina, as quais ganham corpo no âmbito da Guerra Fria.

As "políticas de segurança nacional" continuam a ser definidas até os dias atuais, ganhando sempre novas configurações e amplitudes. Os autores identificam novas estratégias para a América latina a partir de 1990, marco fixado pela assinatura de acordos de livre comércio (de que é um exemplo o Nafta-1994) e a Iniciativa para as Américas[50]. Durante os dois períodos de administração de Bill Clinton as políticas coercitivas e ideológicas diretas foram substituídas pelas de integração das economias, enfatizando-se o multilateralismo na coordenação de políticas de cooperação nas áreas econômicas.

Por outro lado, o tema da "segurança nacional" deslocou-se para a necessidade da colaboração para o combate ao tráfico de drogas que passa a ser associado ao tema do combate à violência, que, divulgada como sendo um problema social, camufla as ações dos agentes do Estado que contribuem em muito para tal cenário.

Assim, as "políticas de segurança nacional" deslocaram-se do combate à subversão, para o combate à violência "social", disseminando-se a busca do inimigo interno nas comunidades demandatárias de direitos de cidadania, direitos trabalhistas e inclusão social. Conforme Monica Herz,

> [...] observa-se ainda uma tendência à expansão da agenda de segurança norte-americana no hemisfério, que passou a incluir o apoio à democracia, política de migração, pro-

---

[50] Em 1994, teve início a Reunião de Cúpula das Américas. Em 1995, o Departamento de Defesa dos Estados Unidos organizou a 1.ª Conferência de Ministros da Defesa do Hemisfério em Williamsburg, Virginia. A revisão do papel da OEA no campo da segurança, com a criação do comitê de segurança em 1995, e da Comissão Interamericana para o Controle do Abuso de Drogas (Cicad) (9), é incentivada pelos EUA. A invasão do Haiti em 1994 foi o primeiro caso em que o governo norte-americano buscou a aprovação multilateral para o uso de força militar no continente. Os governos também estimularam o debate sobre a redefinição do papel da Junta Interamericana de Defesa, para que ela pudesse assumir uma posição mais clara na administração da segurança regional (10). A Junta foi criada em 1942, e é um órgão de aconselhamento da OEA, financiado por ela, mas não subordinada a ela politicamente. A Junta hoje dedica-se aos projetos de desarmamento, à catalogação de medidas de confiança mútua, à ajuda em casos de desastre e às atividades específicas do Colégio Interamericano de Defesa (Herz, 2002, p. 88).

teção de fronteiras, terrorismo, tráfico de drogas, desastres naturais e meio ambiente; além dos temas mais tradicionais, como o controle de produção e transferência de armamentos, resolução de disputas de fronteira, o papel das organizações regionais ou globais de segurança e as insurreições armadas. Destacam-se dentre esses o tráfico de drogas e a imigração ilegal que são objetos de políticas envolvendo o uso ou a ameaça do uso de violência (Herz, 2002, p. 87).

Destaca-se que, nesse cenário, a Venezuela não aparece como um país prioritário a exigir a fixação de tratados de cooperação para o combate à violência social, pelo contrário, as análises identificam apenas as interferências norte-americanas na área de segurança por sua posição na geopolítica da região. Particularmente após a invasão do território venezuelano pela Colômbia a pretexto de abrigar forças das *Farcs*, o que levou a Venezuela a abrir processo junto à ONU, sob acusação de violação de território nacional, contrapondo-se às novas diretrizes de "segurança" definidas, pelos EU, para a região, dentre as quais está "a justificativa da intervenção ante evidências da perda de controle do Estado sobre o território, com a conseguinte ausência de implementação da lei, além da presença de grupos insurgentes de esquerda" (Herz, 2002, p. 87).

Nessa lógica, as "políticas de segurança" adquirem uma nova conotação, ou seja, seriam necessárias para fortalecer a democracia e preservar os regimes liberais. Cumprem tais funções as

> [...] agências como o National Endowment for Democracy (NED) e programas como o Democratic Initiatives Program da Agencia International de Desenvolvimento dos Estados Unidos (AID) e instituições regionais criadas no âmbito da OEA, com incentivo norte-americano, serão instrumentais. A Resolução nº 1.080 da Assembléia Geral da OEA, em 1991, daria início, ao processo de criação de um aparato institucional de proteção à democracia. [...] A nova carta dá à Organização o direito de suspender um membro quando ocorre quebra institucional. Finalmente, em 2001 a Carta Democrática Interamericana é adotada. A criação da Unidade para a Promoção da Democracia, uma agência da OEA que visa a assistir o fortalecimento de instituições democráticas, também contribuiu para a consolidação do paradigma democrático na região (Herz, 2002, p. 93).

Ora, em que medida a documentação encontrada remete à evidência de um ordenamento específico de uma "política de segurança" para a Venezuela, dado que muitos dos temas aí aventados não se coadunam com as justificativas supra indicadas?

A documentação encontrada no site *Wikileaks,* que se notabilizou pela divulgação de uma série de documentos sigilosos, é composta de telegramas das embaixadas dos EUA ao redor do globo, relatórios produzidos para o Congresso dos EUA, e-mails de políticos e empresas, entre outras fontes que são terreno fértil para a pesquisa histórica. Para o presente artigo foram utilizados relatórios produzidos pelo Congresso dos EUA e disponibilizados no site *Wikileaks* com o intuito de desvendar como se deu a ação estadunidense na Venezuela.

Ao navegar pelo acervo do *Wikeleaks* é possível perceber a importância que a política externa dos EUA deu à Venezuela durante o período em estudo, uma vez que uma pesquisa simples demonstra existir mais de 9.424 documentos diplomáticos sobre a Venezuela, mais do que qualquer outro país da América Latina, com exceção do Brasil, que conta com 9.633 documentos. A Argentina, por exemplo, é citada em 5.653 documentos, enquanto o México aparece em 8.966 (Beeton; Johnson; Main, 2015, p. 493).

Mas revela tal documentação uma postura particular de interferência na dinâmica interna de um país que não apresenta vários dos problemas que justificam as práticas das novas "políticas de segurança", ou seguem o mesmo diapasão adotado para os outros países?

As evidências apontam para novas estratégias que se combinam com as anteriores. Em alguns aspectos muito mais sutis, dada a possibilidade da utilização dos meios de comunicação, mas há outras cujos objetivos permanecem os mesmos.

Os EUA, definindo estratégias que lhe permitem interferir na correlação de forças sociais e políticas do país, treinando e financiando as forças opositoras ao governo venezuelano, atuam no sentido de impulsionar uma crise interna que se insere também nas crises internacionais. Daí a importância de se alterar a dinâmica da análise, centrada inicialmente no fator cultural e político, para se entender como tais fatores internos passaram a ser utilizados para desestabilizar o governo democraticamente eleito no país, buscando, por meio do aprofundamento da crise econômica, política e social, desarticular a base de apoio do governo chavista.

Tal perspectiva se ancora na particularidade do capitalismo venezuelano, que se estrutura e se estabelece em torno da exploração do petróleo e da dupla dependência nacional, já que depende do mercado externo para vender o petróleo e para comprar produtos industrializados e alimentícios. Soma-se a tal característica a associação entre a oligarquia venezuelana e os EUA, cujas políticas sempre se coadunaram e que, no período chavista, se articularam sob a égide da "segurança nacional" para derrubar o governo eleito no país.

A Venezuela depende da economia dos EUA, como grande consumidor de petróleo, assim como os EUA dependem da Venezuela, sendo necessário, para seus interesses, manter as fronteiras venezuelanas abertas para seus capitais e para a exploração petrolífera. Desse modo, foi construída durante o século XX a relação entre EUA e Venezuela, que passou a ser considerada uma das principais aliadas comerciais dos EUA nas décadas de 1960 e 1970, marcada como um exemplo a ser seguido pelos países latino-americanos, uma democracia[51] legítima e representativa e um mercado aberto à entrada e à saída de capitais.

A democracia venezuelana, entretanto, que parecia um oásis em meio ao deserto ditatorial da América Latina, não resistiu às crises capitalistas dos anos de 1980 e 1990. O sistema político que utilizava as vendas de petróleo para sustentar a sociedade venezuelana sucumbiu com o aumento da dívida e o esgotamento dos recursos financeiros pela classe política dirigente, fato que levou o país a adotar uma série de políticas de austeridade fiscal imposta pelo *Fundo Monetário Internacional* (FMI).

Essas políticas significaram um duro golpe para as classes trabalhadoras, com congelamento dos salários, aumento de impostos e do custo de serviços básicos e desvalorização da moeda. Essa situação deu início a uma série de revoltas sociais que tomaram as ruas das principais cidades da Venezuela (no período conhecido como *política de las calles*[52]) contra as medidas de recorte neoliberal adotadas pelo governo. A principal revolta, chamada de *Caracazo*, ocorreu em 1989 e resultou em um número ainda desconhecido de mortos, em virtude da forte repressão militar contra a

---

[51] A democracia venezuelana foi instalada em 1958 após a derrocada do então ditador Perez Jimenez e ficou conhecida como *Pacto de Punto Fijo*. Tal sistema político era baseado no revezamento no poder entre os dois principais partidos políticos do país, a *Acción Democrática* e *Copei*, que, aproveitando os recursos naturais venezuelanos e a aproximação com os EUA durante a Guerra Fria, conseguiram manter a democracia representativa sem a necessidade de golpes militares e massacrar os movimentos de esquerda, como a guerrilha venezuelana, por exemplo.

[52] O termo *política de las calles* é resgatado dos escritos de Margarita Lopez Maya, no livro *La Protesta popular venezoelana entre 1989 y 1993*, quando a autora faz um levantamento sobre os protestos populares na Venezuela após a adoção de uma agenda neoliberal no final da década de 1980.

intensa manifestação popular que assolou as ruas de Caracas e das principais cidades do país.

Tais eventos representaram o fim de um ciclo político que buscava impor uma conciliação de classe a partir da cooptação de sindicatos, do aumento dos recursos estatais com a extração de petróleo e da repressão contra os movimentos sociais e grupos políticos que defendiam uma maior autonomia do Estado venezuelano frente aos ditames do capital internacional. A partir da vitória de Hugo Chávez nas eleições presidenciais de 1998, essa política de base neoliberal passaria a ser contestada, uma vez que sua campanha se baseou na negação de tais práticas, na rejeição dos partidos tradicionais e na maior participação popular na administração dos recursos públicos e na gestão do Estado.

Chávez assumiu a presidência da Venezuela em um contexto de crise social, política e econômica, com uma agenda que propunha mudar a maneira como as políticas públicas venezuelanas eram elaboradas, dando maior atenção às demandas sociais, sem, no entanto, negligenciar a importância do capital internacional em um país dependente da exportação de petróleo. Assim, logo em seus primeiros meses no cargo, Chávez buscou reformar a Constituição[53] venezuelana, promovendo maior autonomia ao Estado nas questões referentes ao petróleo e na relação entre a prática democrática e a sociedade, na tentativa de implementar uma democracia direta e participativa no país.

Para isso, em 2001, o então presidente aprovou as leis habilitantes[54], as quais buscavam regular aspectos como a participação do Estado nos lucros provenientes da extração petrolífera e aqueles relacionados à propriedade agrária – que deveria ser comprovada junto aos órgãos estatais

---

[53] Apesar de não ser objeto do presente trabalho, se faz necessário apontar que a Constituição venezuelana de 1999 (Constituição Bolivariana) serviu de parâmetro para as Cartas de países que também experimentam transformações políticas, sociais e econômicas, como a Bolívia e o Equador. A aproximação entre esses países é de suma importância, pois a cooperação entre eles assume um caráter dialético, em que os avanços e retrocessos são assimilados na tentativa de construção de uma alternativa às políticas neoliberais que dominaram a América Latina durante as últimas décadas.

[54] Semelhantes às Medidas Provisórias existentes na política brasileira, as *Leis Habilitantes* permitem que o Executivo coloque em vigência certas leis sem que seja necessária a aprovação na Assembleia Constituinte. Ou, como consta do Artigo 203 da atual Carta venezuelana: "São leis habilitantes aquelas sancionadas pela Assembleia Nacional por três quintas partes de seus integrantes, a fim de estabelecer as diretrizes, propósitos e marco das matérias que se delegam ao Presidente ou Presidenta da República, com classificação e valor de lei. As leis habilitantes devem fixar prazos de sua vigência". Cf. Gilberto Maringoni. "Hugo Chávez desperta ira dos mercados, dos Estados Unidos e da direita". *Carta Maior*, 10 jan. 2007. Disponível em: http://www.cartamaior.com.br/templates/materiaImprimir.cfm?materia_id=13260. Acesso em: 13 mar. 2013.

competentes. A adoção dessas medidas foi o suficiente para que a oposição venezuelana, com o apoio dos EUA, se organizasse e colocasse em prática um plano de desestabilização do governo, o que resultou em um golpe frustrado em 2002. Segundo a embaixadora estadunidense na Venezuela: "El presidente Chávez transcendió su autoridad contemplada en las Leyes Habilitantes al decretar determinadas leyes. La ley de tierra es un ataque contra el derecho de la propiedad privada" (Golinger, 2005, p. 57).[55]

Tal declaração foi utilizada para justificar a tentativa golpista de militares e atores políticos oposicionistas contra o governo Chávez em 2002. Na ocasião, conforme veremos mais à frente, os EUA e a Espanha foram os únicos países que declararam apoio e reconheceram o breve governo golpista de Pedro Carmona. Em 2007, conforme aponta o consultor norte-americano, especializado em assuntos sobre a Venezuela, Mark Sulivan, o então diretor da *National Intelligence*, John Negroponte, declarou que Chávez: "Is among the most stridently anti-American Leaders anywhere in the world and will continue to try to undercut U.S influence in Venezuela, in the rest of Latin America and elsewhere internationally"[56] (Sulivan, 2008).

Conforme se observa, os assessores especiais contratados pelo Congresso norte-americano apontam a política exterior de Chávez, voltada para a integração do continente latino-americano, como um empecilho aos interesses dos Estados Unidos. Tal interpretação já demonstra qual era o pêndulo da balança nas relações entre a Venezuela e os Estados Unidos. Poderíamos até mesmo aventar que tal perspectiva tem sido a tônica desse país em relação a todos os outros do continente.

A oposição chavista também se colocou de forma contrária à centralidade de uma política comunal na Venezuela que se radicaliza conforme o governo chavista vai ganhando musculatura política e social. Segundo a Lei Orgânica das Comunas (2010), estas deveriam se caracterizar por serem a pedra fundamental do Socialismo e do Estado Comunal, mediante o exercício da democracia direta e revolucionária.

Según la Ley Orgánica de las Comunas (LOC) (Asamblea Nacional, 2010a), dicha estructura organizativa se con-

---

[55] "O presidente Chávez ultrapassou os limites previstos nas Leis de Habilitação ao decretar certas leis. A lei de terras é um ataque ao direito à propriedade privada." (Golinger, 2005, p. 57).

[56] "Está entre os líderes mais estridentemente antiamericanos em qualquer parte do mundo e continuará a tentar minar a influência dos EUA na Venezuela, no resto da América Latina e em outros lugares internacionalmente" (tradução livre do autor).

> sidera como "la célula fundamental del Socialismo y del Estado Comunal". Asimismo, comporta una multiplicidad de dimensiones (territorial, social, política y económica) y se constituye a partir de la agregación espacial de todas las organizaciones comunitarias auto-gestionadas que existan en un territorio común geográficamente continuo donde se comparten usos y costumbres, donde las decisiones deben tomarse mediante el ejercicio de la democracia directa, protagónica y revolucionaria y cuyo modelo productivo debe ser endógeno y sustentable y romper con la lógica del capitalismo y del individualismo (García-Guadilla; Álvarez, 2022, p. 54.)[57]

Apesar de os dados divulgados pelo governo indicarem que o número de comunas no país passava das 3 mil organizações populares, pesquisadores como María Pilar García-Guadilla e Rosangel Álvarez afirmam que, em virtude das dificuldades metodológicas acerca da própria definição das comunas e da crescente crise econômica enfrentada pela Venezuela nos últimos anos, é muito difícil afirmar com precisão a quantidade de comunas existentes naquele momento. As pesquisadoras afirmam, inclusive, que é possível que o número tenha diminuído desde 2013, ano em que as organizações comunais atingiram seu auge (García-Guadilla; Álvarez, 2022). Durante esse período, segundo dados de Severo (2008) disponíveis na obra de Santoro (2017),

> [...] além da taxa de desemprego estar em queda, a qualidade dos empregos também melhorou, já que a participação do setor formal cresceu de 48,7%, em fins de 2002, para cerca de 57%, em 2007. Grande parte desses novos empregos foi criada nos setores não petroleiros, como indústrias, comércio, serviços e transporte.

Outrossim, foram oferecidos nos centros urbanos e na zona rural do país serviços básicos, por meio dos quais a

> [...] população teve acesso a consultas médicas, dentárias e treinamentos de nutrição e medicina preventiva, assim

---

[57] "De acordo com a Lei Orgânica das Comunas (LOC) (Assembleia Nacional, 2010a), esta estrutura organizacional é considerada "a célula fundamental do Socialismo e do Estado Comunal". Neste sentido, envolve uma multiplicidade de dimensões (territoriais, sociais, políticas e econômicas) e constitui-se a partir da agregação espacial de todas as organizações comunitárias autogeridas que existem em um território comum geograficamente contínuo onde se partilham usos e costumes, onde as decisões devem ser tomadas mediante o exercício de uma democracia direta, protagonista e revolucionária e cujo modelo produtivo deve ser endógeno e sustentável e romper com a lógica do capitalismo e do individualismo" (García-Guadilla; Álvarez, 2022, p. 54).

como educação fundamental, média e superior. Foram criados milhares de estabelecimentos que vendiam alimentos a preços subsidiados e foram oferecidos incentivos agrícolas para os pequenos produtores. O governo também lançou programas voltados para a criação de empregos, para a entrega de títulos de propriedade imobiliária para os moradores que não o possuíam e para a retirada gratuita de documentos de identidade para quem desejasse (Jones, 2008, p. 411-425).

No entanto, um dos desafios enfrentados pelas comunas é a própria relação com o Estado, o qual, principalmente após a morte de Hugo Chávez, passou a aumentar as tentativas de cooptação dessas estruturas sociais. Tais tentativas podem ser caracterizadas mediante práticas de clientelismo e da constante burocratização das estruturas comunais, em particular por meio do PSUV.

Sobre as relações entre o Estado chavista e as comunas, o historiador Fernando Damasceno considera que para se entender o nível da luta de classes na Venezuela se faz necessário retomar o contexto deixado pelas políticas adotadas durante o *Pacto de PuntoFijo* e pela adoção de planos de restruturação econômica impostos pelo FMI, que resultou no rebaixamento da qualidade de vida da população, situação que fez emergir no cenário nacional a organização da classe trabalhadora durante o *Caracazo*.

Frente ao avanço e ao recrudescimento da oposição ao governo bolivariano, o autor coloca que a classe trabalhadora se organizou para defender o governo cujas medidas os defendiam contra as antigas oligarquias. Para o autor, é essa organização que consegue vencer o golpe de 2002 e recolocar Chávez no palácio de Miraflores (Damasceno, 2015, p. 115).

A intenção da oposição, já que o golpe militar em 2002 não foi bem-sucedido, foi paralisar economicamente o país por meio da interrupção da produção do petróleo e paralisando o funcionamento de estabelecimentos comerciais, levando a uma crise econômica que resultaria em uma onda de violência e no esgotamento do governo bolivariano. Para tal, a oposição contava com altos funcionários da PDVSA e com a atuação de grandes empresários que buscaram dificultar o fornecimento de gêneros alimentícios.

Damasceno afirma que tal estratégia só não foi um sucesso porque contou com a oposição firme e organizada da classe trabalhadora, que ocupou a refinaria de *Puerto la Cruz* e reestabeleceu a produção, possibilitando ao governo um tempo maior para conseguir contornar a crise. O autor oferece um detalhado relato, com diversas entrevistas e relatos da imprensa, de como se deu a ocupação e o retorno das atividades na refinaria, sendo que "efetivamente, dessa vez o governo Chávez somente se sustentou graças à intervenção desses operários petroleiros e ao apoio popular" (2015, p. 348).

A tese central do autor nesse aspecto é a de que os operários conseguiram subverter a ordem social burguesa, chegando à contestação da propriedade privada dos meios de produção, uma vez que os operários conseguiram, mesmo com as dificuldades inerentes a um momento de acirramento da luta de classes, tomar para si a produção e a distribuição do petróleo na refinaria. Nesse sentido, Damasceno compara o controle operário em *Puerto la Cruz* com os "Comitês de fábricas" teorizados por Trotsky em seu Programa de Transição (Damasceno, 2015, p. 398).

Para o autor, essa postura combativa e independente dos movimentos populares era uma ameaça para a burguesia venezuelana, uma vez que o fracasso da paralização dos petroleiros significava sua segunda derrota em menos de um ano e, ao mesmo tempo, um enfraquecimento do governo Chávez, que não conseguia controlar as forças sociais. Assim, Chávez teria passado a adotar uma série de medidas para inviabilizar o aprofundamento da organização operária e popular que havia derrotado o golpe e o paro petroleiro, representando um entrave para a participação direta operária nas decisões da vida pública venezuelana (Damasceno, 2015, p. 408).

Ainda que permeada por tensões e contradições, a relação entre os movimentos sociais venezuelanos e o governo chavista se estruturou de tal forma que o governo dos EUA entendia como uma ameaça a seus interesses no país. Em outras palavras, o modelo de democracia defendido pelos EUA não considera que tais formas de organização popular possam se fazer representadas, pois podem se colocar como uma ameaça à ordem vigente, no caso, ao modelo neoliberal.

Estratégia de intervenção – entre o discurso e a prática

Ao analisar a política externa dos EUA na obra A *política externa norte-americana e seus teóricos*, Perry Anderson identifica o repertório imperialista dos EUA, que, segundo o autor, são "a religião, o capitalismo, a democracia, a paz e o poder dos Estados Unidos como algo único"

(Anderson, 2014, p. 17). Segundo o autor, é nessa lógica que os meios de conquista da hegemonia dos EUA foram desenhados, com a utilização da persuasão, da compra, da troca e da coerção. Apesar do fato de que as intervenções militares sejam consideradas importantes para uma política externa eficaz, a ideia era combiná-las com outras formas de dominação, para assim ocupar uma "posição que permit(isse) a dominação de todos os Estado ao seu alcance" (Anderson, 2014, p. 22).

Os EUA buscam, levando em conta uma suposta "missão civilizadora", construir um mundo à imagem e semelhança da sociedade estadunidense, sendo que características como a democracia liberal e o livre mercado eram consideradas valores universais, os quais deveriam ser protegidos, e, onde não existissem, deveriam ser implantados, por meio de intervenções militares ou não.

Como exemplo, é possível citar que, durante a Guerra Fria, os EUA adotaram o discurso contra a subversão, uma vez que a URSS e o comunismo representavam uma ameaça aos ideais estadunidenses. Assim, foi estabelecida a lei de Segurança Nacional, que visava combater o inimigo externo subversivo e defender a democracia, ou seja, "o que tinha que ser protegido, isto é, expandido – contra a ameaça totalitária do comunismo era um mundo livre à imagem e semelhança da liberdade norte-americana" (Anderson, 2014, p. 41). No entanto, em ocasiões em que a democracia liberal defendida pelos EUA resultava em governos que eram considerados hostis aos seus interesses econômicos, tal abordagem democrática da política externa era deixada de lado para apoiar ditaduras que em nada representavam os valores democráticos.

O documento *Democracy Promotion: Cornestone of U.S foreign Policy?*, produzido por Susan Epstein, Nina Serafino e Francis Miko, para o Congresso estadunidense em 2008, relaciona a democracia com os seguintes pressupostos:

> Another reason given to encourage democracies (although debated by some experts) is the belief that democracies promote economic prosperity. From this perspective, as the rule of law leads to a more stable society and as equal economic opportunity for all heels to spur economic activity, economic growth, particularly of per capita income, is likely to flow. In addition, a democracy under this scenario may be more likely to be viewed by other countries as a good trading partner and by outside investors as a more stable

environment for investment, according to some experts. Moreover, countries that have developed as stables democracies are viewed as being more likely to honor treaties, according to some experts[58] (Epstein; Serafino; Miko, 2008).

A associação entre democracia como expressão de um Estado de Direitos e esses dois parâmetros como essenciais para a crescimento econômico e para a garantia dos investidores estrangeiros vai perpassar toda a lógica das relações requeridas pelo governo norte-americano em relação à Venezuela. Tal postura não mereceria atenção do analista, não fosse o fato de eles entenderem que o governo Chávez não se configurava como uma democracia.

Tal postura era baseada na ideia de que o comunismo era a maior ameaça ao mundo livre e ao mercado, sendo uma grave ameaça à segurança nacional dos EUA e dos outros países capitalistas. Portanto, se a democracia chavista era uma fachada para encobrir tendências ao comunismo, ou melhor, como uma ameaça à propriedade privada dos meios de produção e aos interesses de capitais estadunidenses no país, era preferível que se abrisse mão da democracia para que tais práticas não se instalassem em determinadas nações, em especial naquelas em que os EUA tinham grande interesse comercial e/ou econômico. Expresse-se assim o que Moniz Bandeira denominou a lógica da

> [...] segurança do Free World consistia na segurança dos interesses do Free Market, do business e dos bancos americanos, contra qualquer ameaça nacionalista, identificada com o comunismo, e configurava o fundamento das políticas de qualquer governo dos Estados Unidos – fosse do Partido Republicano ou Democrata – vis-à-vis da América Latina (Bandeira, 2017, posição 1252).

Refere-se Bandeira ao apoio norte-americano às ditaduras militares,

> [...] inspiradas na Doutrina de Segurança Nacional, que se assemelhavam ao tipo especial de regime em permanente

---

[58] "Outro motivo dado para incentivar as democracias (embora debatido por alguns especialistas) é a crença de que as democracias promovem a prosperidade econômica. Nessa perspectiva, como o Estado de Direito leva a uma sociedade mais estável e como oportunidade econômica igual para todos os saltos para estimular a atividade econômica, é provável que o crescimento econômico, particularmente da renda per capita, flua. Além disso, uma democracia sob este cenário pode ser mais provavelmente vista por outros países como um bom parceiro comercial e por investidores externos como um ambiente mais estável para investimento, de acordo com alguns especialistas. Outrossim, países que se desenvolveram como democracias estáveis são vistos como mais propensos a honrar tratados, de acordo com alguns especialistas." (tradução livre do autor).

contrarrevolução, assentado no princípio de absoluto poder do Estado, sobreposto ao indivíduo e em contínua guerra contra o inimigo interno, a subversão comunista, representada pelos sindicatos, greves etc., que ameaçavam a segurança do *Free World* (Bandeira, 2017, posição 1252).

No caso da América Latina, sua importância se relacionava com a grande quantidade de recursos naturais existentes na região que eram – e ainda são – de extrema importância para os centros industrializados, sendo, dessa forma, vital que os EUA mantivessem o controle sobre a região. Para Lars Schoultz, a política externa dos EUA em relação à América Latina obedece a três pressupostos: o interesse em relação à segurança nacional, às políticas domésticas e ao seu desenvolvimento econômico, sendo que, para o autor, os EUA podem mudar a forma como colocam em prática sua política externa, sendo que esses interesses permanecem os mesmos (Shoultz, 2000, p. 12). Juntamente a esses aspectos, existe a correlação de forças internacionais que impacta na geopolítica mundial, uma vez que o controle da América Latina significaria um "indicador da credibilidade dos EUA nas relações internacionais" (Shoultz, 2000, p. 408).

Com o fim da Guerra Fria a ameaça comunista deixou de existir e, em tese, o caminho para o livre mercado e a livre circulação do capital estava totalmente aberto. Não existiriam mais barreiras para o avanço capitalista. Nesse sentido, os EUA passaram a adotar uma "hegemonia preventiva" (Shoultz, 2000) no continente, identificando novas ameaças (como o tráfico de drogas, a imigração ilegal, a má gestão financeira etc.) para manter a ingerência nos países latino-americanos (Shoultz, 200, p. 12)[59].

No entanto, as crises inerentes ao capitalismo e a mobilização social abriram caminho para a ascensão de governos com caráter social, que não aceitavam de forma passiva as prerrogativas neoliberais que levaram a América Latina à bancarrota nos anos de 1980 e 1990. Dentre esses, o governo Hugo Chávez tem grande importância, já que, como vimos, adotou diversas medidas que contrariaram os interesses estadunidenses na Venezuela.

---

[59] Lars Shoultz chama a atenção para a importância da opinião pública estadunidense para tais questões referentes à política externa. Para o autor, os políticos estadunidenses (e seus eleitores) não consideram os latino-americanos capazes de administrar suas receitas, sendo que acabam, invariavelmente, recorrendo a empréstimos dos EUA. Dessa forma, para a opinião pública dos EUA, estes têm o direito de impor reformas estruturais no continente latino-americano (2000, p. 12).

Democracia, Direitos Humanos e Neoliberalismo

Um dos pilares dos discursos que definem a política externa dos EUA é a defesa da democracia, sendo entendida como determinante para o combate ao terrorismo, ou seja, a defesa da liberal democracia é considerada uma questão vinculada à segurança nacional do país, em especial após os atentados de 11 de setembro de 2001, quando os ataques terroristas aos Estados Unidos substituíram a figura do comunismo e inseriram o terrorismo como o grande inimigo da política externa do país (Teixeira, 2010, p. 35). As principais características da doutrina democrática defendida pelos EUA, que esperamos ter confirmado com a análise da documentação, passam pela defesa do Estado de direito, da defesa dos Direitos Humanos e da igualdade política, sendo tais aspectos instrumentalizados para a construção de um discurso que justifique a ingerência estadunidense na Venezuela.

Mesmo após o fim da Guerra Fria, a consolidação dos EUA como superpotência capitalista e o fim do comunismo soviético, os países da América Latina continuaram sendo alvo de ingerência direta por parte do governo estadunidense a fim de preservar seus interesses financeiros na região, em especial após o fracasso das políticas neoliberais impostas pelo Consenso de Washington[60] e por instituições financeiras como o *Fundo Monetário Internacional* (FMI) e o *Banco Mundial* (BM). Tal fato resultou em uma reorganização das forças políticas e sociais que levaram ao poder grupos políticos que não faziam parte das elites tradicionais latino-americanas que sempre haviam ocupado o Estado para orientar suas políticas públicas em favor de interesses particulares, alijando grande parte da população de direitos básicos de cidadania, muitas vezes garantidos constitucionalmente.

A presença de instituições como o FMI e o Banco Mundial na correlação de forças internacionais demonstra algumas das características do

---

[60] Consenso de Washington é o nome dado ao conjunto de ações desenvolvidas pelos EUA e por instituições financeiras com o FMI no final da década de 1980 para serem aplicadas em países em desenvolvimento que passavam por crises financeiras. Tais políticas de austeridade serviram para impor aos países da América Latina uma agenda neoliberal.

imperialismo[61] capitalista, que busca expandir sua dominação por meios econômicos, uma vez que a "busca incansável de autoexpansão depende dessa capacidade única, que se aplica não somente às relações de classe entre capital e trabalho, mas também às relações entre Estados imperiais e subordinados" (Wood, 2014, p. 23).

A chamada "arma da dívida" e o uso de forças econômicas para subjugar países de capitalismo periférico podem ser constatados com o Consenso de Washington, que buscou ajustar as economias em desenvolvimento às novas necessidades de acumulação e circulação do capital, impondo "ajustes estruturais" aos países endividados com o objetivo de ajustar as contas públicas. Nesse sentido, se buscou privatizar os serviços públicos, aumentam as taxas de juros e a desregulamentação financeira que criaram, ao mesmo tempo, uma crise social e econômica nos países periféricos e possibilitaram uma dinamização do capital global, em especial sediado nos EUA (Wood, 2014, p. 103).

Portanto, deve-se entender a atuação de instituições internacionais como o FMI e o *Banco Mundial* como parte do projeto imperialista dos EUA, que busca impor na América Latina o neoliberalismo, alçado à condição de solução aos problemas enfrentados pelo capitalismo após as crises dos anos de 1980 e 1990. Em um contexto em que a ameaça comunista diminuía, com o declínio da URSS, e com a maior financeirização da economia mundial, o discurso de que o Estado era o responsável pelos desequilíbrios econômicos passa a ser dominante, já que se credita aos programas sociais e de regulamentação da economia a criação de descompassos no movimento natural da economia, que funcionaria de forma automática. Seguindo tal diapasão, após a queda do muro de Berlim em 1989, Francis Fukuyama declarou o fim da História, apontando que a economia de mercado proporcionava a máxima aplicação das potencialidades humanas, respeitando as desigualdades naturais do homem e privilegiando aqueles

---

[61] Para o presente texto o imperialismo dos EUA é fundamental, uma vez que é por meio dessa perspectiva que as ingerências estadunidenses acontecem na América Latina e, consequentemente, na Venezuela. Dessa forma, para Ricardo Antonio Souza Mendes, existem na literatura quatro explicações para o imperialismo dos EUA. A primeira delas é de base cultural, em que a política imperialista é explicada por meio do desenvolvimento de um determinado conjunto de crenças e valores tidos como universais. A segunda explicação, nomeada como político-estratégica, defende que o imperialismo se relaciona com o surgimento de novas nações expansionistas no século XIX, colocando o imperialismo dos EUA como uma posição reativa. A terceira explicação é econômica, ou seja, defende que o imperialismo se relaciona com a busca de mercados, e a quarta explicação, nomeada como Perspectivas combinadas, afirma que as motivações de prestígio, economia e manobras políticas se relacionam mutualmente e são indispensáveis para se compreender o imperialismo dos EUA. Ver: Mendes, 2005, p. 167-188.

com mais capacidade. Segundo o autor, recuperado aqui por Puga (1996), o local onde tal teoria teria se comprovado na prática era os EUA, pois

> En su opinión, las lacerantes desigualdades que todavía perduran en este inmenso país son necesarias y no "erradicables", puesto que se fundamentan em las características especiales de la naturaleza humana. La situación no tiene alternativas válidas. [...] El miedo al hambre y la pobreza estimula a la gente a trabajar disciplinadamente. Es la ley natural quien dicta la desigualdad, no la voluntad de los hombres. Los norteamericanos, sin practicar el socialismo, han logrado pasar del reino de la necesidad al reino de la libertad, tal como prometen los textos marxistas, según el funcionario del Departamento de Estado metido em aventuras intelectuales (Puga, 1996, p. 17).[62]

Reconhece-se, portanto, as imensas desigualdades socioeconômicas e culturais vigentes nos países latino-americanos e mesmo nos Estados Unidos, mas essas são consideradas naturais. Ainda, segundo a análise de Puga sobre Fukuyama, este

> [...] se ha limitado a tomar posesión a beneficio de inventario de la herencia cultural de Kojeve, su padre intelectual, cuando tiene la osadía de sostener que la utopía de la sociedad sin clases de Karl Marx se ha logrado gracias al sistema socioeconómico norteamericano (Puga, 1996, p. 17).[63]

O caso Venezuelano chama a atenção, pois Chávez pretendia alterar a forma como se dava a relação entre o Estado e a sociedade no país, fato que passa, necessariamente, pelo controle das reservas petrolíferas, pela comercialização e exploração desse produto, e, consequentemente, pelos interesses de empresas estrangeiras e de outros países, em especial os EUA, que atuam na Venezuela. Medidas como a regulamentação da extração do petróleo, uma reforma agrária, a aproximação com países tidos como terroristas por Washington – como Cuba, Irã, China, Rússia –, o aumento

---

[62] Na sua opinião, as dilacerantes desigualdades que ainda persistem neste imenso país são necessárias e não "erradicáveis", uma vez que se baseiam nas características específicas da natureza humana. A situação não tem alternativas válidas. [...] O medo da fome e da pobreza estimula as pessoas a trabalharem disciplinadamente. É a lei natural que dita a desigualdade, não a vontade dos homens. Os americanos, sem praticar o socialismo, conseguiram passar do reino da necessidade para o reino da liberdade, tal como prometem os textos marxistas, segundo o funcionário do Departamento de Estado envolto em aventuras intelectuais" (Puga, 1996, p. 17).

[63] "[...] limitou-se a se beneficiar de um inventário da herança cultural de Kojeve, seu pai intelectual, quando teve a audácia de afirmar que a utopia da sociedade sem classes de Karl Marx foi alcançada pelo sistema socioeconómico norte-americano" (Puga, 1996, p. 17).

da participação popular nos processos políticos – por meio de organizações de bairro, de trabalhadores e de mulheres – e a maior presença do Estado na garantia de direitos como moradia, saúde e alimentação levaram os EUA a se alinharem com a oposição derrotada nas urnas venezuelanas na tentativa de interromper o governo chavista, democraticamente eleito.

No documento produzido para o Congresso dos EUA intitulado: *Latin America: Energy Supply, Political Developments, and U.S. Policy Approaches* (Sullivan, Mark; Ribando, 2009), é colocado que: "Também há a preocupações de que a Venezuela esteja buscando desenvolver a China como um mercado de reposição, embora as autoridades venezuelanas afirmem que estão apenas tentando diversificar os mercados de petróleo da Venezuela"[64].

Após o fracasso do golpe militar de 2002, os EUA e a oposição venezuelana buscaram novas formas de desestabilizar o governo de Chávez, adotando a justificativa de uma política externa que defende valores tidos como universais, como democracia, livre mercado, respeito às leis e aos direitos humanos (Ayerbe, 2002, p. 265). No entanto, como se demonstra neste trabalho, tais argumentos, na verdade, buscam defender os interesses financeiros dos EUA na Venezuela, principalmente em relação à extração e à comercialização de petróleo.

> A promoção da democracia liberal e da economia de mercado segue sendo temática prioritária no discurso diplomático de segurança norte-americano no pós-Guerra Fria. Esse tem sido o assunto de várias reuniões de Cúpula das Américas e Assembleias da OEA, nas quais os EUA procuram envolver o compromisso dos países latino-americanos com esses valores (Santos, 2007, p. 213).

Dessa forma, o governo chavista, tanto no que diz respeito à política interna como externa, não se alinhava totalmente com os pressupostos defendidos pelos EUA, o que levou o governo estadunidense a utilizar diversas organizações, como a *National Endowment for Democracy* (NED) e a *Usaid*, para financiar e treinar opositores ao governo venezuelano, como forma de retomar seu controle sob o país.

> [...] The National Endowment for Democracy (NED), International Republican Institute (IRI), and the United States Agency for International Development (USAID) – has used

---

[64] "There are also concerns that Venezuela is looking to develop China as a replacement market, although Venezuelan officials maintain that they are only attempting to diversify Venezuela´s oil markets."

these funds to train the Venezuelan opposition in a new generation of warfare that would use strategic nonviolence to depose a democratically elected president[65] (Maher-Ciccariello, 2016).

Conforme se observa, a preocupação norte-americana em gestar mecanismos de ingerência nos outros países não passava apenas pela cooptação de segmentos da burguesia e do aparato político, mas também pelo treinamento de jovens por meio de várias instituições e ONGs, como o *Fundo Nacional para a Democracia* (NED), o *Instituto Republicano Internacional* (IRI) e a *Agência dos Estados Unidos para o Desenvolvimento Internacional* (Usaid).

Outro aspecto importante no discurso diplomático dos EUA em relação à Venezuela é a preocupação com as violações contra os direitos humanos, uma vez que tal pressuposto é entendido como um dos pilares de uma sociedade democrática.

Entretanto, conforme veremos, de acordo com a documentação analisada, podemos perceber que essa preocupação é seletiva, ficando restrita às forças sociais e políticas que fazem oposição ao governo Chávez, demonstrando assim a correlação de forças venezuelanas.

Portanto, a preocupação primeira dos EUA referente às violações dos direitos humanos é a defesa de seus aliados no país, os partidos de oposição, a mídia e outros grupos que se alinham aos seus interesses, como a Igreja Católica, inclusive. Esses grupos formam o que os EUA consideram a "sociedade civil" venezuelana, que deve ser fortalecida pelos programas de fomento estadunidense, demonstrando uma interligação entre defesa dos direitos humanos, respeito às leis, cumprimento das normas eleitorais e a atenção pela democracia, tudo isso sendo monitorado pelos institutos estadunidenses e por grupos tidos como a "sociedade civil" organizada.

Considerações finais

A partir da documentação disponibilizada pelo site *Wikileaks*, foi possível perceber a estreita ligação entre a conturbada situação política, social e econômica enfrentada pela Venezuela nos últimos anos com a

---

[65] "O Fundo Nacional para a Democracia (NED), o Instituto Republicano Internacional (IRI) e a Agência dos Estados Unidos para o Desenvolvimento Internacional (Usaid) – usaram esses fundos para treinar a oposição venezuelana em uma nova geração de guerra que usaria a não-violência estratégica para destituir um presidente democraticamente eleito".

ingerência de agentes estadunidenses no país, sendo que muitos dos personagens que aparecem atualmente como aspirantes à presidente (como Henrique Capriles e Leopoldo Lopez) – em uma eventual derrota eleitoral do atual presidente Nicolas Maduro – são próximos dos EUA, tendo sido citados em diversos telegramas e em conversas com membros diplomáticos estadunidenses.

Dessa forma, o recente avanço conservador na América Latina deve ser analisado também sob a ótica dos interesses dos EUA na região, uma vez que uma América Latina integrada e independente política e economicamente não é interessante para a grande potência do norte, como é possível perceber pela análise dos documentos produzidos pela embaixada em Caracas e pelos relatórios elaborados pelo Congresso estadunidense.

Portanto, o presente texto se insere em um contexto em que as relações entre EUA e a América Latina voltam ao centro das atenções após um período em que a hegemonia estadunidense na região aparentava estar consolidada, já que após as ditaduras militares que assolaram a região durante as décadas de 1960, 1970 e 1980 terem adotado políticas de aproximação com os EUA, estes se consolidaram como superpotência capitalista mundial, conseguindo dessa forma impor o neoliberalismo e o Consenso de Washington na América Latina.

Assim, a região aparentava ser a confiável fonte de recursos naturais e mercado consumidor que os EUA desejavam no início do século XXI, sendo possível para a política externa estadunidense se concentrar em outras regiões do globo, em especial após os atentados terroristas em 2001, quando Washington se voltou para o novo inimigo nacional, o terror, promovendo ocupações no Oriente Médio.

A agenda neoliberal adotada pelos governos próximos aos EUA na América Latina e as graves consequências sociais decorrentes de tal medida levaram a um acirramento das contradições de classe em alguns países latino-americanos, o que modificou, mesmo que de maneira parcial, a correlação de forças políticas no continente. Países como Brasil, Argentina, Equador, Bolívia e Venezuela elegeram presidentes que se relacionavam de maneira mais próxima com as demandas sociais, que historicamente foram negligenciadas pelas oligarquias nacionais latino-americanas.

No entanto, atender aos interesses das classes mais necessitadas, com o aumento da autonomia e da presença do Estado na economia para financiar programas sociais, significava não seguir a cartilha neoliberal de Estado mínimo e livre circulação de capitais. Assim, o aumento do prestígio de governos com forte base de apoio popular e que adotavam um discurso nacionalista fez com que a América Latina voltasse a ser uma questão relevante aos EUA, pois demonstravam que havia um afastamento aos interesses estadunidenses na região.

Nesse contexto, um dos países que mais chamou a atenção de Washington foi a Venezuela, já que é um país com as maiores reservas de petróleo do mundo e um dos principais parceiros comerciais dos EUA, além de ter sido o primeiro país do continente a eleger um presidente que adotava uma política que questionava o neoliberalismo e, até mesmo, a hegemonia dos EUA no mundo. Então, em 1998, a eleição de Hugo Chávez fez com que houvesse uma mudança na relação entre a Venezuela e os EUA, especialmente devido à oposição estadunidense ao governo democraticamente eleito na Venezuela.

Essa oposição se deu pelo fato de Chávez defender um projeto de desenvolvimento para a Venezuela e para a América Latina diferente do projeto desenhado pelos EUA, o que motivou Washington a buscar uma aproximação com a oposição venezuelana, buscando desestabilizar seu governo. Tais tentativas de desestabilização se concretizaram em abril de 2002, quando Chávez foi vítima de um golpe de Estado que o afastou da presidência por 48 horas, quando, então, retornou ao Palácio de Miraflores com forte apoio popular. Essa situação demonstrou que as quarteladas, amplamente apoiadas pelos EUA, que interromperam governos democraticamente eleitos na América Latina no século XX, não seriam possíveis com facilidade no século XXI; assim, seria necessário buscar novas formas de inserção nesses países para defender os interesses dos capitais estadunidenses.

Desse modo, os EUA passaram a auxiliar a oposição venezuelana de maneira indireta, com financiamento, treinamento e aconselhamento, para que as forças sociais pró-Washington na Venezuela conseguissem desestabilizar o governo e retornar o poder político no país. Essas práticas visavam organizar a sociedade civil venezuelana (identificada apenas enquanto força opositora) para preparar uma série de atos contra o governo, a fim de desarticular a base de apoio chavista e interromper o governo, sem a necessidade de quebra da constitucionalidade e, assim, garantir os seus interesses na região.

Referências

Fontes

Secret Congressional Research Service:

EPSTEIN, Susan; SERAFINO, Nina; MIKO, Francis. **Democracy promotion**: Cornstone of U.S foreign policy? 2008. Disponível em: https://wikileaks.org/wiki/CRS:_Democracy_Promotion:_Cornerstone_of_U.S._Foreign_Policy%3F,_January_29,_2008. Acesso em: 23 jun. 2023.

SULIVAN, Marl. Venezuela: **Political Conditions and U.S. Policy**. 10 out. 2008. Disponível em: https://wikileaks.org/wiki/CRS:_Venezuela:_Political_Conditions_and_U.S._Policy,_October_10,_2008. Acesso em: 21 jun. 2023.

SULLIVAN, Mark; RIBANDO, Clare; RUSH, Rebecca. **Latin America:** Energy Supply, Political Developments, and U.S Policy Approaches – Congressional Research Service, 2009. Disponível em: https://wikileaks.org/wiki/CRS:_Latin_America:_Energy_Supply,_Political_Developments,_and_U.S._Policy_Approaches,_April_23,_2008. Acesso em: 21 jun. 2023.

Bibliografia

ANDERSON, Perry. **A política externa norte-americana e seus teóricos**. São Paulo: Boitempo, 2014.

AYERBE, Luis Fernando. **Estados Unidos e América Latina:** a construção de uma hegemonia. São Paulo: Editora Unesp, 2002.

BANDEIRA, Luiz Alberto. **A desordem mundial**. São Paulo: Civilização Brasileira, 2016.

BEETON, Dan; JOHNSON, Jake; MAIN, Alexander. Venezuela. *In*: ASSANGE, Julian. **The Wikileaks Files:** The World according to US Empire. Londres: Verso Books, 2015.

CICCARIELLO-MAHER, George. **Building the commune:** Radical democracy in Venezuela. Londres: Verso Books, 2016.

CORONIL, Fernando. **El Estado mágico**: naturaleza, dinero y modernidad en Venezuela. Editorial Alfa, 2017.

DAMASCENO, Fernando Sérgio. **A Face oculta da Venezuela**. São Paulo: ILAESE, 2015.

DARDOT, Pierre; LAVAL, Christian. **A nova Razão do Mundo**. São Paulo: Boitempo, 2017.

EPSTEIN, Susan; SERAFINO, Nina; MIKO, Francis. **Democracy promotion**: Cornstone of U.S foreign policy? 2008. Disponível em: https://wikileaks.org/wiki/CRS:_Democracy_Promotion:_Cornerstone_of_U.S._Foreign_Policy%3F,_January_29,_2008. Acesso em: 21 jun. 2023.

GARCÍA-GUADILLA, María Pilar; ÁLVAREZ, Rosangel. ¿El futuro de las comunas, o comunas sin un futuro en la Venezuela del siglo veintiuno?: una mirada desde su praxis y bases conceptuales. **Espacio Abierto**, v. 31, n. 2, p. 52-74, 2022.

GOLINGER, Eva. **El código Chávez**: descifrando la intervencion de los Estados Unidos en Venezuela. Havana: Editoral de Ciencias Sociales, 2005.

HARVEY, David. **O neoliberalismo**: história e implicações. 4. ed. São Paulo: Loyola, 2013.

HERZ, Monica. Política de segurança dos EUA para a América Latina após o final da Guerra Fria. **Estudos Avançados,** v. 16, n. 46, p. 85-104, 2002.

KLEIN, Caroline Rippe de Mello. Origens do pensamento Ordoliberal: Uma pequena leitura da liberdade. **Revista Convergência Crítica**, Dossiê "Questão Agrária", n. 4. 2024.

MENDES, Ricardo Antonio. América Latina – Interpretações da origem do Imperialismo norte-americano. **Revista Projeto História** - revista do programa do pós-graduação em História da Pontifícia Universidade Católica de São Paulo, São Paulo, n. 31, 2005, p. 167-188.

PUGA, Eduardo Álvarez. **Maldito mercado**: manifiesto contra el fundamentalismo neoliberal. Ediciones B, 1996.

SANTORO, Luiza Elena Barroso. **O Desenvolvimento Econômico da Venezuela no Governo de Hugo Chávez- 1999-2007**. 2009. Monografia (Graduação em Economia) – Universidade Federal do Rio de Janeiro, Instituto de Economia, Rio de Janeiro, 2009.

SANTOS, Marcelo. **O poder norte-americano e a América Latina no pós-guerra fria.** São Paulo: Annablume, 2007.

SCHOULTZ, Lars. **Estados Unidos:** poder e submissão uma história da política norte-americana em relação à América Latina. Edusc, 2000.

SLOBODIAN, Quinn. **Globalistas**: El fin de los imperios y el nacimiento del neoliberalismo. Capitán Swing Libros, 2021.

TEIXEIRA, Carlos Gustavo Poggio. **O pensamento neoconservador em política externa dos Estados Unidos.** São Paulo: Editora Unesp, 2010.

TOGNONATO, Claudio. **Economia senza società**. Oltre i limiti del mercato globale. Napoli: Liguori Editor, 2014.

TRIBE, Keith. **Ordoliberalism and the social market economy.** The History of Economic Thought, v. 49, n. 01, 2007.

WOOD, Ellen. **O império do capital.** São Paulo: Boitempo, 2014.

SAÚDE OCUPACIONAL: A CONSTRUÇÃO DE UM CAMPO DE SABER QUE NORTEIA POLÍTICAS PÚBLICAS EM PAÍSES LATINO-AMERICANOS, A SERVIÇO DE QUEM, AFINAL?

Juliana Santos Monteiro
Vera Lucia Vieira

Introdução

As áreas da Saúde e do Trabalho têm sua intersecção na saúde do trabalhador e a sua promoção é vinculada a interesses de diferentes atores sociais, destacando-se, na conexão com o trabalhador, o empresário e o Estado. Tal confluência foi estabelecida desde a estruturação do mundo do trabalho a partir da Revolução Industrial e do desenvolvimento do capitalismo, permeando a correlação de forças entre o capital e o trabalho. À medida que o sistema se consolidava e ampliava a exploração do trabalhador, os índices de adoecimento e/ou letalidade cresciam exponencialmente e as instituições estatais ou entidades a elas ligadas demandavam a intervenção da ciência, especialmente a medicina, ampliando-se, assim, o escopo de atuação da área que passou a configurar um novo campo do conhecimento por se tratar da saúde do trabalhador.

Nesse enlace, a área da saúde desenvolveu conceitos que se tornaram essenciais para que o capital controlasse o trabalhador, os quais foram configurando a área da Medicina do Trabalho (MT) e a da Saúde Ocupacional (SO), reconhecidos como principais, justamente por dar respostas que se coadunavam com os interesses das instituições hegemônicas nos estados capitalistas.

Mas a dinâmica da luta de classes inerente às relações capitalistas a sistemática reação dos trabalhadores fez emergir a contra-hegemonia impondo a essas mesmas instituições oficiais outras formas de atuar para atender às questões de saúde do trabalhador a partir de outra ótica: a do reconhecimento de que os problemas vigentes nessa área não podem ser analisados sem considerar as condições decorrentes da superexploração. Essa perspectiva veio a se constituir como área da Saúde do Trabalhador, a partir da ótica e da reivindicação do próprio trabalhador, ou seja, a Saúde Pública.

Das fontes selecionadas para compor o presente artigo, destaca-se que as políticas públicas definidas no âmbito da Medicina do Trabalho, assim como para as suas correlatas área da educação prevencionista e formas de Seleção e Orientação Profissional, contêm um substrato ideológico comum: os princípios da eugenia. Tais princípios vão ficando mais evidentes à medida que avançam os anos e que o campo da Medicina no Trabalho, em contraposição à Saúde Pública, vai adquirindo contornos mais definidos em meio aos debates que reuniram os expoentes capazes de interferir nas políticas públicas de seus países.

Além dos quatro Congressos Americanos de Medicina do Trabalho promovidos pela União Americana de Medicina do Trabalho (UAMT) – os Congressos Americanos de Medicina do Trabalho de 1949, na Argentina, de 1952, no Brasil, 1958, no México, e 1964, no Brasil, cuja gênese foi proposta em 1948, durante o Primeiro Congresso Argentino de Medicina do Trabalho (Buenos Aires). Além desse material, foram analisados: a programação e o debate do Primeiro Seminário Latino-Americano de Saúde Ocupacional, promovido pela Organização Pan-Americana de Saúde (Opas) / Organização Mundial da Saúde (OMS), logo após o término do V Congresso Americano de Medicina do Trabalho, em 1964, ocorrido na cidade de São Paulo.

A composição do campo da Medicina Social: europeia e latino-americana

A área da denominada Medicina Social foi se configurando, ao longo dos anos, em duas linhas: a da Medicina do Trabalho (MT) e a da Saúde Ocupacional (SO).

O campo Saúde Ocupacional da região latino-americana foi construído com a participação de profissionais da saúde a serviço ou do governo, ou do empresariado nacional e internacional, com raras exceções, quando não a serviço dos próprios representantes dos governos, a considerar a documentação oficial dos congressos citados anteriormente. Tal constatação revelou o atributo do Estado capitalista[66] em representar os interesses da burguesia na relação capital-trabalho.

Essa característica do Estado, no âmbito da saúde do trabalhador, não só se evidencia pela total ausência de representação direta dos trabalhadores, oficial ou extraoficialmente, mas também pelo conteúdo dos temas debatidos em cada uma das conferências e mesas ocorridas durante esses congressos.

Embora com enfoques diferentes, tanto nos eventos promovidos pela UAMT como no Seminário da Opas/OMS, eram recorrentes os temas que abordavam a legislação, os governos e a prática da Medicina do Trabalho nas indústrias. Em que pesem as condições de trabalho em cada país da América Latina em uma conjuntura de Guerra Fria fosse muito diversa, uma boa parte dos temas centrais ali debatidos, especialmente as Conferências de 1964, apontava para a concepção e para a gestão dos programas de Saúde Ocupacional nas empresas, sob a tutela dos governos, ampliando o controle social do trabalhador para o aumento da produtividade, sem alterar as condições do trabalho e seu ambiente, que eram os fatores responsáveis pelos adoecimentos, afastamentos e letalidade precoce e que constituíam as bases das reivindicações dos trabalhadores.

A exclusão da representação dos trabalhadores nesses congressos evidencia seu caráter classista se considerarmos que a área denominada saúde do trabalhador, com toda a complexidade que possui, decorre das reivindicações históricas expressas em muitas formas de lutas em cada um dos países em que os tentáculos do capitalismo foram se estendendo e dominando as outras formas de ser social.

Em especial a partir do século XIX, com a Revolução Industrial, e no século seguinte, com as diferentes formas e estágios de industrialização, tanto dos países centrais como dos periféricos, e dadas as particularidades do controle do capital sobre o trabalho.

---

[66] A concepção de Estado capitalista como representante do capital está imbuída no conceito de Estado em Karl Marx, que menciona o Estado como a forma de organização adotada pelos burgueses com o objetivo de garantir a proteção da propriedade privada e a concretização dos seus interesses. Ver: Marx, 1993, p. 98.

A complexidade da categoria saúde do trabalhador[67] começa pela própria nomenclatura, estende-se ao âmbito da Medicina do Trabalho e gera áreas específicas de conhecimento, como a da Saúde Ocupacional.

Embora as doenças ligadas ao trabalho já fossem reconhecidas e estudadas em períodos anteriores, é a partir das grandes mudanças no modo de produção capitalista (séculos XIX e XX) que a saúde do trabalhador ganha status oficial dentro dos sistemas de governo, em princípio sendo denominada Medicina do Trabalho.

As discussões em torno da prática médica e sua relação com a sociedade e o Estado já permeavam a Europa do século XVIII, quando o processo de urbanização fez surgirem novos problemas evidenciando, inclusive, as classes sociais antagônicas do recente modo de produção capitalista. Nesse contexto, Michel Foucault (1984), em suas reflexões sobre a gênese da medicina social, destacou três formas de utilizar a medicina como controle social em três países diferentes: Alemanha, França e Inglaterra.

Conforme o autor, a Alemanha do século XVIII normatizava a polícia médica com a finalidade de controlar o universo da saúde a partir do Estado, regulamentar a formação dos médicos e inseri-los como funcionários administrativos no grande aparelho estatal. Já a França, na segunda metade do século XVIII, promoveu as políticas de saúde a partir dos problemas decorrentes de seu processo de urbanização com problemas advindos da falta de estrutura sanitária e da facilidade de propagação de doenças. Segundo Zorzanelli e Cruz (2018), Foucault afirma que a estrutura médica francesa estava relacionada ao projeto político de saneamento das cidades, tendo como marco o controle de possíveis lugares patogênicos, inaugurando uma higiene pública voltada para as práticas de salubridade (Foucault, 1984 *apud* Zorzanelli, 2018). Segundo esses autores, a Inglaterra, por sua vez, delineou suas políticas de saúde para o controle da população pobre e trabalhadora em meados do século XIX, após uma epidemia de cólera registrada em 1832.

Outros autores pesquisaram a formação da Medicina Social e seus concernentes nesses países europeus e compilaram as proposições de

---

[67] Cabe aqui esclarecer que me refiro à saúde do trabalhador (com letras minúsculas) como categoria que relaciona a saúde e o trabalho no modo de produção capitalista. E, como tal, ela perpassou por nomenclaturas e conceitos como a Medicina do Trabalho e a Saúde Ocupacional, que serviram diretamente ao capital, protegendo o trabalho, e não especificamente o trabalhador – pressupostos que veremos de forma breve neste artigo, porém com maiores detalhes na obra. E também pela nomenclatura Saúde do Trabalhador, associada à atuação direta dos trabalhadores em sua própria saúde, conceito que está debatido na pesquisa.

diversos analistas, como o fez Assunção (2003). Nesse sentido, cita Villermé, que, examinando a França do século XIX, analisou as taxas de mortalidade, apontando as relações entre as condições de vida das classes sociais em diferentes bairros de Paris e o perfil de adoecimento desses extratos sociais. Na Inglaterra do século XIX, diz ainda Assunção, Engels fez uma exposição minuciosa das condições de vida da classe operária inglesa, associando o perfil de morbimortalidade da população aos efeitos da industrialização naquele país. Trazendo ainda um outro autor, Assunção afirma que, segundo Gorny (1991), esses dois estudos marcaram o nascimento da disciplina de Epidemiologia Social, ainda que os antigos já tivessem elaborado modelos clínicos que ressaltavam a importância da investigação dos modos de vida dos pacientes a fim de compreender as suas queixas não apenas individualmente, mas como expressões de coletivos (Assunção, 2003).

Desse modo, é possível observar que o nascimento da Medicina Social europeia se vincula diretamente à intensa mudança na vida das pessoas, decorrente do processo de urbanização-industrialização. O Estado, por sua vez, acompanhava tais mudanças exercendo a função de agente de controle para que não houvesse impedimentos ao desenvolvimento urbano-industrial, sob a égide do sistema capitalista.

Na América Latina, por sua vez, o debate sobre os conceitos relacionados à Medicina Social se dava conforme os moldes europeus e, gradualmente, passa a integrar a área da Medicina do Trabalho das Faculdades de Medicina, no período pós-Segunda Guerra Mundial, especialmente a partir da década de 1950, embora apenas como cursos de extensão e especialização universitária. Assim, por exemplo, o Curso de Medicina Social, organizado em 1955, sob o patrocínio da Escola Paulista de Medicina e da Sociedade Paulista de Medicina Social e do Trabalho (1952), reuniu os médicos mais renomados do país para versar sobre temas como: higiene dos locais de trabalho, prevenção de acidentes e doenças profissionais, aspectos sociais das moléstias venéreas e habitação e urbanismo sob o ponto de vista médico-social.

Na mesma época, no Brasil, a construção do conceito de Medicina Social abarcava também as linhas francesa, inglesa e estadunidense. A francesa preocupada com a urbanização e a higiene da cidade, e a inglesa e a estadunidense preocupadas com a força de trabalho, conforme já dito. A influência dessas linhas foi de tal ordem que alguns passaram a considerar a Medicina Social exclusivamente como a Medicina do Trabalho, sem, entretanto, excluir a leitura anglo-saxônica de que a Medicina Social surgira devido ao desenvolvimento da ciência e da prática médica *pari passu* aos problemas decorrentes do desenvolvimento do sistema capitalista. A percepção dessa síntese de tendências encontramos em Cesarino Jr., para o qual a Medicina Social é

> [...] uma consequência do *status* econômico – e consiste essencialmente na solução por diversos meios todos direta ou indiretamente estatais, isto é, promovidos imediatamente pelo Estado ou tendo a sua efetivação obrigada ou quando menos estimulada, coadjuvada por ele (subvenções a entidades assistenciais médico-sociais), do conflito existente entre o encarecimento dos serviços médicos, decorrentes do progresso da Medicina e a pobreza de apreciável extensão da coletividade (Cesarino Jr., 1955).

Assim é que a América Latina do pós-guerra, entre os anos 1940 e 1950 e nas décadas posteriores, especialmente os anos de 1970, seria marcada pelo advento da Medicina Social enquanto síntese das múltiplas tendências vigentes na Europa, embora naqueles países as práticas afeitas a esse campo seguissem tendências diferentes, dependendo de sua gênese enquanto campo do conhecimento. Além disso, a particular conjuntura de mobilização dos trabalhadores em vários países latino-americanos fez com que grupos acadêmicos, profissionais e pesquisadores da área da saúde se unissem aos movimentos operários, estudantis e organizações populares insatisfeitos com o modelo econômico desenvolvimentista latino-americano desse período. Esses novos autores desenvolveram questionamentos em resposta à crise de saúde pública que se manifestou no final dessa década (Iriart *et al.*, 2002).

Mas, em que pese tal postura que reconhecia as necessidades dos trabalhadores à semelhança do que ocorrera com a Medicina Social anglo-saxônica abriu espaço para a organização da Medicina do Trabalho e suas implicações no desenvolvimento industrial daquele país, a síntese que alcançou o continente latino-americano após a Segunda Guerra, iria contribuir para a construção de preceitos, políticas e práticas sobre Saúde do Trabalhador e, ainda assim, apenas a partir da década de 1970 e, associados ao contexto político-econômico e social do continente, voltada para atender aos interesses do empresariado que, à época, capitaneava, juntamente aos militares, um novo ciclo ditatorial (Padrós, 2007).

Mesmo no período anterior aos do ciclo ditatorial da segunda metade do século XX, nos idos da década de 1950, quando houve apoio às políticas de incentivo à industrialização, por substituição de importações conhecidas como desenvolvimentismo (Monteiro, 2021), os conceitos de Medicina Social dialogavam com outras áreas da saúde e da economia, como a Medicina Legal, a Higiene, a Medicina Preventiva, a Eugenia, a Economia Social e o Direito Social, mas voltados para a lógica dos interesses do capital, culpabilizam o trabalhador pelos problemas de saúde que apresentam.

Ou seja, a maior parte dos autores da área de saúde na época concordava com a tese de que a Medicina do Trabalho fazia parte da Medicina Social, incluindo-se aí Cesarino Jr., para o qual a Medicina Social:

> [...] **deve considerar também doenças que**, muito embora nenhuma relação tenham com o trabalho, **afligem as classes economicamente fracas, exatamente por causa desta debilidade econômica, como a tuberculose (devida à baixa resistência consequentemente a subalimentação, à promiscuidade em habitações anti-higiênicas)**, à moléstia de Chagas (morada em casas de pau-a-pique), **as moléstias venéreas (disseminadas principalmente através da prostituição, de causa essencialmente econômica)**, o **alcoolismo (predominante entre os pobres)**, etc. (Cesarino Jr., 1955).

Isto é, a incorporação da Medicina do Trabalho à Social, na lógica que vai nortear as políticas públicas aqui na América latina, mesmo antes das últimas ditaduras, culpabiliza o trabalhador pobre pelas doenças sociais, como fica evidenciado na citação. A tuberculose, por exemplo, é associada à promiscuidade em habitações anti-higiênicas, as doenças venéreas à prostituição de causa econômica e o alcoolismo diretamente ligado à pobreza.

Para tais autores, o aumento populacional explosivo que acompanha a industrialização, experimentado por várias cidades da região, provoca profundas transformações no espaço urbano e, embora reconheçam que isso revela também as imensas desigualdades sociais, a que se alia a falta de políticas urbanas e de investimentos necessários para garantir a essa população condições dignas, ainda assim atribuem os problemas na área da saúde aos hábitos "degradantes" dos trabalhadores (Soares; Ferreira, 2017).

Além disso, mal remunerados nas atividades produtivas, esses indivíduos se veem obrigados a viver de forma precária e a resolver os problemas de moradia por meio da autoconstrução e em loteamentos irregulares (Rodrigues, 2009). Da mesma forma, vários estudos demonstram a relação existente entre o alcoolismo e péssimas condições de trabalho e de vida, pela desesperança, pela falta de perspectivas, vencidos pelo cansaço (Soares; Ferreira, 2017).

Assim, a omissão do Estado potencializou os problemas inerentes ao capitalismo na área da saúde do trabalhador e as particulares relações entre os segmentos dominantes e os governos delinearam o escopo conceitual e as políticas públicas para esse campo, de forma a garantir a continuidade do próprio sistema econômico.

É possível também considerar na citação a relação da classe trabalhadora com a pobreza, tal qual delineava a tese inglesa para a saúde pública – prática médica para o controle da força de trabalho atrelada ao controle dos pobres que, segundo o Estado, poderiam colocar em risco a vida e o lucro dos segmentos dominantes.

É considerando todos os fatores apontados supra que o já citado Cesarino Jr. conclui sobre a Medicina do Trabalho ser parte da Medicina Social, sendo que esta última compreende

> [...] o estudo de **todas as formas de proteção da saúde do trabalhador enquanto no exercício do trabalho**, principalmente com o caráter de **prevenção das doenças profissionais e de melhoramento das aptidões laborais** em tudo quanto concerne às suas condições físicas, mentais e ambientais. Além do aspecto preventivo, também tem-se o curativo, daí a divisão da Medicina do Trabalho em Higiene do Trabalho (aspecto preventivo) e Medicina do Trabalho propriamente dita (aspecto curativo) (Cesarino Jr., 1955).

Portanto, a Medicina do Trabalho configura-se ligada à proteção ao trabalho e, embora preocupada em garantir a mais-valia, aponta para a necessidade de proteger a força de trabalho no ato da produção, agindo na prevenção das doenças, evitando perdas na produtividade.

Portanto, no interior da Medicina Social, a Medicina do Trabalho tinha a função de servir ao bom funcionamento do sistema capitalista.

Mas contribuiu em muito para que tal postura predominasse aqui na América-Latina nos idos de 1950 o fato de a Organização Internacional do Trabalho (OIT), que já existia desde 1919, ter incorporado em sua agenda, após a Primeira Guerra Mundial (1914-1918), a preocupação em promover a Medicina do Trabalho nos países industrializados.

Porque, embora a proteção da saúde dos trabalhadores se destacasse nessa Organização desde aí e continuasse na década de 1950, quando essa promulgou as *Recomendações* que direcionava para a organização dos Serviços de Medicina do Trabalho para as fábricas/indústrias, o impacto na região latino-americana teria sido implantado apenas na lógica do capital, não fosse a contraposição dos médicos e especialistas vinculados ao mundo do trabalho, a considerar os debates contidos na documentação dos congressos supra citados.

A Recomendação 97 (1953), sobre a "Proteção da Saúde dos Trabalhadores", que solicitava aos Estados-membros da OIT a fomentação da formação de médicos do trabalho e o estudo da organização dos serviços de medicina do trabalho, dá continuidade a essas recomendações. Nos anos posteriores a OIT se dedicou a estudos e especialização para essa matéria, a fim de compor novas recomendações para colaborar com os países-membros.

Foi apenas em 1959 que a experiência dos países industrializados se transformou com a "Recomendação 112" sobre "Serviços de Medicina do Trabalho", aprovada por aquela organização.

Pois, segundo o Dr. René Mendes, esse primeiro instrumento normativo de âmbito internacional passou a servir como referência e paradigma para o estabelecimento de diplomas legais nacionais (Mendes, 1991). Segundo essa Recomendação, a expressão "serviço de medicina do trabalho" institui um serviço organizado nos locais de trabalho ou em suas imediações destinado a

> [...] – **assegurar a proteção dos trabalhadores contra todo o risco que prejudique a sua saúde e que possa resultar de seu trabalho** ou das condições em que este se efetue; – **contribuir à adaptação física e mental dos trabalhadores, em particular pela adequação do trabalho** e pela sua colocação em lugares de trabalho correspondentes às suas aptidões; – **contribuir ao estabelecimento e manutenção do nível mais elevado possível do bem-estar físico e mental dos trabalhadores** (OIT, 1959, grifo nosso).

Apesar desse avanço, pode-se observar na citação que a medicina do trabalho, segundo a recomendação da OIT, refere-se estritamente aos locais de trabalho, com a atividade médica voltada para a adaptação do homem ao seu ofício, corroborando os métodos de gestão como o taylorismo e o fordismo (Monteiro, 2021), para alcançar a produtividade longe dos conflitos de classe, que explodem com intensidade cada vez maior, dada a ampliação sistemática da exploração do trabalho.

Ainda segundo o citado médico e professor, a "adequação do trabalho ao trabalhador" limitada à intervenção médica restringe-se à seleção de candidatos a emprego e à tentativa de adaptar os trabalhadores às suas condições de trabalho por meio de atividades educativas (Mendes, 1991). Não era à toa que a eugenia estava entre os debates do mundo do trabalho para o desenvolvimento industrial na América Latina, analisada nos Congressos Americanos de Medicina do Trabalho.

O teor da Recomendação 112 da OIT foi amplamente debatido no Congresso Americano (1964) realizado em São Paulo, em que se discutiu, em uma mesa temática, a importância da Medicina do Trabalho para o desenvolvimento econômico das nações, especialmente dos países latino-americanos. O representante colombiano Dr. Roberto Acosta, diretor geral de saúde do Ministério da Saúde do seu país, afirmou que a

> [...] Medicina do Trabalho compreende não somente um novo valor do homem, como também um peculiar critério sobre a orientação da sociedade face ao novo valor do trabalhador. Necessita contribuir para obter que o trabalhador tenha a segurança de que estará tranquilo no seu trabalho, porque recebe um tratamento adequado [...], além de assegurar-lhe que em caso de acidente ou enfermidade terá um tratamento adequado e científico (UAMT, 1964).

Ao colocar a Medicina do Trabalho (MT) como um novo valor do trabalhador, Acosta insere essa área na contribuição dos métodos de gestão do trabalho no sistema capitalista, confirmando o objetivo da MT de assegurar a manutenção do trabalho abstrato, ou seja, "a propriedade que adquire o trabalho humano quando é destinada à produção de mercadorias" (Castro, 2009, p. 265). Além disso, o conferencista colombiano continuou enfatizando que:

> Presentemente, nossos países começam a ter suficiente capacidade científica e técnica para aspirar a um satisfatório estado de saúde e já é hora de compreender que o homem é o produtor da riqueza e que ela só se obtém com pessoas, que tenham capacidade vital para produzi-la e conservá-la. Devemos organizar-nos para que cada qual possa efetivamente trabalhar para aumentar nossa produtividade geral (UAMT, 1964).

A citação não só evidencia uma das características da Medicina do Trabalho, a adaptação do homem ao trabalho com o respaldo da ciência, como confirma, mais uma vez, o objetivo principal dessa área, de ter na força de trabalho a capacidade de aumentar a produtividade e a produção de riqueza. E é a própria "adaptação do homem ao trabalho" que vai caracterizar a eugenia latino-americana utilizada no mundo do trabalho.

Assim, a Medicina Social, vinda da Europa, e, com ela, a Medicina do Trabalho se organizaram e se desenvolveram à medida que o modo de produção capitalista também se organizava em torno da produção em massa, do consumo em massa, enfim, de uma sociedade urbana e industrial em formação e consolidação nos países centrais e, posteriormente, nos periféricos. Para comprovar tal questão, Dr. René Mendes aponta que tanto Taylor, em sua *Administração científica do trabalho*, como Henry Ford "encontraram na medicina do trabalho uma aliada para a perseguição do seu 'telos' último: a produtividade" (Mendes, 1991).

A declaração atribuída a Ford de que "o corpo médico é a seção de minha fábrica que me dá mais lucro" foi exposta por Oliveira e Teixeira (1986) e, segundo Mendes, serviu de justificativa para a implantação de processos de seleção de pessoal que privilegiavam a escolha de trabalhadores considerados os mais eficientes porque com menos problemas de absentismo e suas consequências, e/ou gastos com obrigações sociais, o que ocasionaria falta de produção, entre outros (Mendes, 1991). Outro fator era o controle da própria empresa sobre as questões sociais relacionadas à força de trabalho, como atendimento ou não a pedidos de licença médica, Previdência Social, sendo mais eficientes quando mediadas pelo médico da própria empresa.

A trajetória histórica da relação saúde-trabalho, concretizada nas ações da Medicina do Trabalho e, posteriormente, nos afetos à Saúde Ocupacional, tanto nos países centrais como nos periféricos, foi objeto de amplos debates que reconhecem o impacto da exploração da força de trabalho na dinâmica capital-trabalho e na incidência de doenças e acidentes, desde o início do capitalismo industrial (Monteiro, 2021).

As deformações físicas, as doenças constantes e de toda ordem, os frequentes óbitos dos trabalhadores nos locais de trabalho não só foram descritos ainda no século XIX, como fez Engels em seu clássico *A situação da classe trabalhadora na Inglaterra*, como também foram tema do clássico texto de Eduardo Galeano (primeira edição em 1978). O autor descreveu as terríveis condições dos trabalhadores da região, apontando não só a exploração das elites locais atreladas às potências capitalistas, mas principalmente a base neocolonial que estruturou o desenvolvimento econômico do continente.

Entre as várias passagens do livro *As veias abertas da América Latina*, Galeano apresentou a trágica condição dos mineradores bolivianos da década de 1950.

> Mas a morte lenta e silenciosa é a especialidade da mina. O vômito de sangue, a tosse, a sensação de um peso de chumbo nas costas e uma aguda opressão no peito são os sinais que a anunciam. Depois do exame médico, vêm as peregrinações burocráticas, que nunca se acabam. Dão o prazo de três meses para desocupar a casa. [...] Os tecnocratas e os burocratas não morrem de silicose, mas vivem dela (Galeano, 2020).

A silicose[68] foi uma das inúmeras doenças laborais discutidas nos "Congressos e Seminários de Medicina do Trabalho e Saúde Ocupacional". Outras doenças como a asbestose[69] e a pneumoconiose de carvão, além da exposição de diversos componentes químicos industriais, também foram tema de debates desses congressos, com comparações entre os dados de alguns países do continente.

No entanto, esses debates não intencionavam uma mudança na organização do trabalho, mas sim na prevenção de acidentes e doenças, atribuindo-se ao trabalhador a culpa por sua situação, além de priorizarem os serviços das seguradoras, que estavam ganhando o mercado dos infortúnios ocupacionais.

Nas considerações e conclusões do "Primeiro Congresso Argentino de Medicina do Trabalho", realizado em 1948, foi aprovado, entre outras questões, que

> [...] a **Medicina do Trabalho é uma disciplina científica de profunda transcendência social,** que **estuda os problemas vinculados** com a **saúde, higiene, segurança e**

---

[68] A silicose é uma pneumoconiose (doenças pulmonares causadas pelo acúmulo de poeira nos pulmões) causada pela inalação de partículas de sílica. A sílica (ou óxido de silício) é o principal componente da areia e matéria-prima para a fabricação do vidro e do cimento. AbcMed. **Silicose:** o que é? Quais as causas e os sintomas? Como evitar? 2013. Disponível em: https://www.abc.med.br/p/sinais.-sintomas-e-doencas/354439/silicose-o-que-e-quais-as-causas-e-os-sintomas-como-evitar.htm. Acesso em: 23 jun. 2023.

[69] Doença respiratória causada pelo amianto.

> **bem-estar do trabalhador, procurando solucionar que incidam no aumento da produção** e promovam a elevação da moral e material da Sociedade. Que os Poderes Públicos devem apoiar as iniciativas que contribuem ao progresso científico e cuja aplicação prática redunda em benefício para a coletividade (**Primer Congreso Argentino de Medicina del Trabajo**, 1948, p. 45-50).

Ou seja, a premissa indicada no início do congresso finaliza o evento, projetando na saúde a visibilidade da prevenção e indenização de acidentes e doenças ocupacionais, ao mesmo tempo dando invisibilidade ao processo degradante de trabalho.

Daí a ideia de bem-estar para o trabalhador como uma solução para aumentar a produção. "A morte industrial deve ser produzida de maneira invisível e os conflitos nascentes devem ser resolvidos institucionalmente", observou Dwyer (2006).

Assim, as instituições de saúde e trabalho que emergiram juntamente ao desenvolvimento do sistema capitalista (séculos XIX e XX) surgiram para "tratar da prevenção e da indenização, formadas no espaço criado entre a produção do lucro do capitalista e da produção da morte" (Dwyer, 2006) no trabalho, ainda que, segundo o autor, aparentemente se valorizasse a vida.

A eugenia como garantia da produtividade

No interior da Medicina Social, e compondo a Medicina do Trabalho, emerge um outro tema, apontado como afeto a uma outra área, comumente denominada Medicina Ocupacional. Ou seja, enquanto a Medicina do Trabalho se ocupa prioritariamente dos diagnósticos sobre desempenho e produtividade, a Medicina Ocupacional se ocupa de apontar soluções que melhorem as relações entre a empresa e o trabalhador e, para tanto, adentra a vida pessoal do trabalhador e suas relações familiares.

Na documentação dos Congressos Americanos de Medicina do Trabalho promovidos pela UAMT, essas discussões abrangiam desde o papel do Estado na composição e aplicação das políticas públicas na área da Saúde Ocupacional até sugestões para a profissionalização e o ensino da Medicina do Trabalho nas empresas e universidades, assim como a inserção de algumas práticas desse componente da Medicina Social na educação do trabalhador e na sua adaptação aos locais de trabalho.

Assim como a Medicina do Trabalho, a Saúde Ocupacional, seu surgimento e evolução se deram nos países centrais após a Segunda Guerra Mundial.

Como houve uma expansão considerável da industrialização nesse período, a "evolução" nessa área consistiu na ampliação do seu escopo de atuação na indústria, envolvendo a multidisciplinaridade científica, ou seja, além da medicina curativa e preventiva, incorpora em suas ações preceitos sobre a higiene industrial, saúde ambiental, entre outros saberes.

De tal ordem foi a ampliação de sua incorporação ao mundo fabril e industrial que a designação de "Medicina do Trabalho" acabou sendo substituída, em muitos países, pela *"Medicina Ocupacional"*, pois era "menos limitada que a anterior, compreendendo todas as classes de doenças produzidas nas ocupações e seu ambiente" (Carlin, 1964), segundo citado na exposição do Dr. César Carlin, representante do Peru, no "V Congresso Americano de Medicina do Trabalho", realizado em São Paulo, em 1964. Isso sem romper a lógica do controle social do trabalhador para o aumento da produtividade com menor custo para as empresas.

Foi essa tônica que fez com que os palestrantes dos Congressos Americanos (UAMT), muitas vezes, não diferenciassem conceitualmente a Medicina do Trabalho da Saúde Ocupacional.

Ora eles se referiam à Medicina do Trabalho, ora à Saúde Ocupacional para abordar o mesmo tema/assunto em debate, pois geralmente em tais discussões era apresentado o "progresso da medicina em harmonia com a evolução social e econômica dos povos", sendo a medicina do trabalho "condição indispensável para a ocorrência do desenvolvimento econômico" (Carlin, 1964).

É certo que no segundo pós-guerra, enquanto os países centrais estavam ampliando o campo de atuação da saúde e segurança do trabalho nas indústrias com a Saúde Ocupacional, a América Latina iniciava o seu desenvolvimento industrial e o que estava em pauta era a prática da Medicina do Trabalho nas empresas, com o respaldo das organizações internacionais, como a OIT/OMS e o apoio das faculdades de medicina dos seus países, conforme referido na pesquisa que originou o presente artigo. Mas incorpora-se aí, principalmente quando o termo é cunhado para designar apenas um setor da empresa que aglutina como função esses dois campos de atividades da Medicina Social: o da Medicina do Trabalho e o da Medicina Ocupacional.

Entre os objetivos da Medicina Ocupacional estava o da racionalização laboral e a "adaptação do homem ao seu trabalho" (Mendes, 1991), visando alcançar a produtividade esperada pelos empresários e, ao mesmo tempo, impedir os conflitos de classe.

Ocorre que os critérios utilizados para selecionar os trabalhadores mais aptos e com capacidade de "adaptação", o que abrange praticamente todo o universo societário do trabalhador, indo desde a educação sanitária e prevencionista do trabalhador até a orientação e seleção profissional dos trabalhadores, revelam forte influência das políticas eugênicas do início do século XX, como é possível identificar nas teorias citadas pelos integrantes dos congressos e demais envolvidos, nas definições de políticas para a área, durante os ditados congressos.

O movimento eugênico mundial no início do século XX foi amplo e heterogêneo, inclusive na América Latina e até mesmo, segundo a historiadora Nancy Leys Stepan, o continente subverteu o significado da eugenia em geral. Isso porque, ao contrário da concepção geneticista de Mendel (1822-1884), influente nos países anglo-saxônicos, o eugenismo latino-americana estava baseado em uma corrente "alternativa de noções *neolamarckianas* de hereditariedade, cujas concepções se apoiavam na ideia da transmissão dos caracteres adquiridos" (Stepan, 2005).

Um continente marcado pela pobreza, amplamente miscigenado, de formação católica e com sérios problemas de saúde pública, teria encontrado no discurso médico eugênico, pondera Stepan, uma "ferramenta poderosa para auxiliar no processo de reforma social e de aperfeiçoamento médico da nacionalidade" (Stepan, 2005), cuja extrema seletividade era viável dado o contingente de um exército industrial de reserva bastante numeroso.

A consequência foi a adoção de uma "eugenia preventiva", muito mais preocupada com as reformas sociais e com a adaptação ao meio do que propriamente com as questões biológicas, segundo a autora.

Nesse sentido, o movimento eugênico influenciou as definições e práticas das políticas sobre a saúde do trabalhador na América Latina, com o objetivo de selecionar os trabalhadores "mais aptos" para a produção e menos propensos a doenças e acidentes. Essa ideia contribuiu para justificar a culpabilização do trabalhador pelo seu próprio acidente e pela sua doença, teoria elaborada nos anos 1930 chamada "ato inseguro".

Ato Inseguro

O "Ato Inseguro" foi um conceito hegemônico de análise de acidentes e doenças de trabalho que perdurou um bom tempo nos países centrais do capitalismo e ainda mantém sua chama acesa em muitas indústrias dos países periféricos. Assim como em outros países latino-americano, a culpabilização da vítima pelo seu próprio acidente ou doença norteou as políticas públicas no Brasil ditatorial (1964-1985).

A importância da escolha certa do profissional para o trabalho, examinando-se o aspecto higiênico, sua ascendência, cultura, conduta, entre outras características, foi destaque nas discussões das "Conferências Americanas" (UAMT) e nos cursos de Medicina Social e Higiene Industrial promovidos pelas faculdades de saúde e escolas de formação profissional nas décadas de 1950 e 1960.

A investigação sobre a "adaptação do homem ao trabalho" permeou diversas áreas do conhecimento desde o início do século XX, nos países centrais e periféricos, especialmente na área da saúde, com o objetivo não só de assegurar uma conduta amistosa do trabalhador em seu local de trabalho, como também de "promover o bem-estar da sociedade" para o desenvolvimento da nação.

Em 1948 essa mesma perspectiva foi apresentada pelo médico argentino Prof. Dr. Gregório Araoz Alfaro no Primeiro Congresso Argentino de Medicina do Trabalho, no qual expôs o valor de assegurar e fortalecer a saúde geral, em particular na infância, antes de se chegar à prevenção de acidentes e enfermidades. Esse esforço estaria ligado ao estudo científico da orientação profissional, com

> [...] a finalidade de dar a cada sujeito, segundo sua constituição, suas atitudes e defeitos, tanto no somático como no psíquico a ocupação e o gênero de atividade que lhe convenha. E depois, temos que segui-lo em todo curso de sua vida e trabalho, com exames periódicos de saúde, vigiando sua capacidade de adaptação e fazendo-lhe mudar de trabalho de vez em quando, assisti-lo cuidadosamente em todos seus acidentes e doenças, reabilitá-lo e reeducá-lo, física e psiquicamente – em caso de invalidez, assistir, enfim, para que sua vida, sua alimentação e sua família sejam sadias, higiênicas e agradáveis. É preciso que todos os trabalhadores alcancem a satisfação e a alegria de trabalhar, a euforia do trabalho (Alfaro, 1948).

É perceptível nas palavras de Alfaro que características da eugenia estavam presentes para o trabalhador, não só na adequação a um posto de trabalho, mas também na sua família, estendendo-se essa prática também à educação, além da saúde, com o objetivo de assegurar mão de obra satisfeita e harmônica na relação capital-trabalho, conforme enfatiza o citado Dr. Alfaro:

> [...] não nos contentamos somente em evitar os acidentes, como prevenir doenças profissionais e como melhorar o trabalhador dentro da fábrica, da usina, da mina, da agricultura. Queremos mais do que isso, melhorar sua existência fora do sítio e das horas de trabalho, em união com sua família, preocupamo-nos empenhosamente da vida, da alimentação, das vestimentas, da higiene, do tratamento da doença, até das distrações e prazeres dos adultos e crianças (Alfaro, 1948).

Segundo tais proposituras, a Medicina do Trabalho, sendo uma área da Medicina Social, transcenderia o próprio local de trabalho, ampliando sua ação à família do trabalhador, a qual, estando bem alimentada, bem-vestida e feliz, colaboraria na "harmonização" das relações de classe. Nesse aspecto, Alfaro destacou que:

> [...] nada melhor que os médicos, e em particular, os médicos do trabalho para ser os intermediários eficazes entre essas duas classes que parecem naturalmente antagônicas, mas que podemos harmonizar. Os médicos têm, naturalmente, o dever de contemplar os interesses bem entendidos da indústria ou da empresa que lhes paga, mas sempre levando em conta antes de tudo e, sobretudo, o bem-estar e a saúde dos trabalhadores. [...] mediante a constante ação preventiva, curativa e reparadora do médico, o trabalho será "luz e vida e glória, arma e bandeira da liberdade" (Alfaro, 1948).

A função da Medicina do Trabalho retratada por Alfaro explicita essa ciência como representante do capital, na medida em que corrobora a ideia da harmonia de classes sociais inerentemente antagônicas no sistema capitalista, sendo implícita a preocupação de se ter um trabalhador inteiro, saudável e controlado para cumprir o seu principal papel na empresa: aumentar a produtividade, gerando lucro para "aquele que o paga". Desse modo, era primordial que a medicina transcendesse o local de trabalho, envolvendo não só o aspecto físico do trabalhador, mas também o aspecto social e emocional, ao intervir em sua vida particular.

O discurso médico eugênico influenciou a medicina do trabalho como forma de "governar as relações capitalistas e a saúde do trabalhador", segundo Victoria Haidar (2011), professora da Faculdade de Humanidades e Ciências da Universidade Nacional do Litoral, Argentina.

A escolha dos trabalhadores mais "aptos" começou a ser veiculada nos cursos de medicina do trabalho nas faculdades de saúde e também nos cursos profissionalizantes ofertados pelas associações de empresas apoiadas pelos seus governos, como, por exemplo, o sistema S[70] no Brasil. Um exemplo desses cursos foi utilizado nas "Escolas Industriais, SESI, SESC, SENAI, SENAC e nos centros de aprendizagem industrial"[71], denominado "Higiene Industrial e Psicologia do Trabalho (noções elementares)", elaborado pelo Dr. Olívio Stersa, em 1959.

No primeiro capítulo do seu compêndio, o Dr. Stersa apresentou o valor da saúde, com ênfase na relação entre a saúde e a rentabilidade de uma indústria, afirmando:

> O rendimento de uma indústria depende do estado de saúde física e mental de seus trabalhadores. Um indivíduo corroído pelas verminoses e pela subnutrição, um alcoólatra, um toxicômano, não podem ser produtivos, servindo cada vez mais de peso morto no seio da sociedade em que vivem (Stersa, 1959).

Ou seja, como o lucro da indústria estava relacionado ao bem-estar dos trabalhadores, o indivíduo doente e improdutivo era descartado

---

[70] Termo que define o conjunto de organizações das entidades corporativas voltadas para o treinamento profissional, assistência social, consultoria, pesquisa e assistência técnica, que, além de terem seu nome iniciado com a letra S, apresentam raízes comuns e características organizacionais similares. Fazem parte do sistema S: Serviço Nacional de Aprendizagem Industrial (Senai); Serviço Social do Comércio (Sesc); Serviço Social da Indústria (Sesi); e Serviço Nacional de Aprendizagem do Comércio (Senac). Existem ainda os seguintes: Serviço Nacional de Aprendizagem Rural (Senar); Serviço Nacional de Aprendizagem do Cooperativismo (Sescoop); e Serviço Social de Transporte (Sest). As empresas pagam contribuições às instituições do Sistema S com base nas alíquotas de acordo com o tipo de contribuinte definido pelo Fundo de Previdência e Assistência Social (FPAS). Fonte: BRASIL. Senado Federal. **Senado Notícias**. Sistema S. s/d. Disponível em: https://www12.senado.leg.br/noticias/glossario-legislativo/sistema-s. Acesso em: 22 ago. 2020.

[71] Fruto do artigo 129 da Constituição Brasileira de 1937, sobre Educação e Cultura, precisamente sobre o ensino pré-vocacional e profissional, durante a ditadura de Getúlio Vargas, denominado Estado Novo, as escolas da indústria e do comércio (Senai/Senac) foram constituídas por decretos entre 1942 e 1946, devendo ser organizadas e administradas pelas Confederações Nacionais da Indústria e do Comércio. Tais confederações eram entidades empresariais com forte influência no Estado. Dessa forma, a criação dessas instituições de ensino profissional "constituiu uma verdadeira revolução na educação que abriu as portas para os jovens que iriam guarnecer o chão das fábricas das novas indústrias". Ler: CONFEDERAÇÃO NACIONAL DO COMÉRCIO. **SESC, SENAC – Natureza jurídica e a natureza jurídica das contribuições**. Rio de Janeiro: Confederação Nacional do Comércio, 2005. Assim, é explícito o papel dessas entidades de ensino profissional de servir as empresas na seleção e qualificação da mão de obra para a indústria e o comércio.

não só da empresa, mas também pela sociedade. Todavia, é evidente que as verminoses ou a subnutrição que acometiam o trabalhador eram consequências de condições precárias de vida e trabalho, resultantes da ausência de políticas públicas do Estado em determinadas regiões, não alcançando esses trabalhadores que, segundo essa visão eugenista, se tornavam "peso morto" para a sociedade.

Mais uma vez, revelam-se os verdadeiros sentidos e significados da expressão "a questão social", cunhada por Getúlio nos idos de 1940 para se referir às suas "benesses" ao trabalhador, a partir de políticas públicas, aparentemente voltadas para eles. Conforme aponta a autora, após consultar os grandes períodos jornalísticos do período de 1930 a 1950, na realidade, os discursos presidenciais sobre a "questão social" "serviram para justificar o aprofundamento das desigualdades, o aumento da exploração, o controle sobre o trabalhador, a exclusão e também a indiferença do poder público diante da sua miserabilidade" (Vieira, 1998). Essa "nova roupagem" referida por Vieira estava associada a discursos e políticas trabalhistas iniciadas no período do governo brasileiro de Getúlio Vargas, quando o operário era considerado protagonista da construção de uma nação forte, porém deveria ser tutelado pelo governo, por ser considerado incapaz de cuidar de si. Tal discurso se tornou hegemônico por várias décadas no país, tanto em períodos autoritários como nos ditos democráticos. E a saúde do trabalhador, que também se vinculava a essa questão social, estava ligada às políticas eugênicas, visando a uma seleção de mão de obra eficiente para que o empregador não fosse prejudicado quanto à produtividade e até mesmo quanto a uma possível desordem.

Aliás, a saúde física e mental do trabalhador é enfatizada em todo o curso do Dr. Stersa (1959), com destaque na higiene pré-nupcial até a higiene do trabalho. Esse médico aponta também o ambiente de trabalho insalubre e inseguro como propício às causas de doenças e acidentes, aludindo inclusive sobre o ritmo do trabalho e a sua organização como fatores geradores de acidentes. Entretanto, mesmo com a menção detalhada sobre as condições precárias de trabalho atuando na promoção de acidentes e doenças, conclui que a orientação e a seleção profissional eram fatores essenciais para evitar perdas na produtividade.

Independentemente das condições e do ritmo de trabalho, as falhas humanas (dos trabalhadores) eram preponderantes na discussão da prevenção de acidentes e doenças. Logo, saber escolher os profissionais física e mentalmente capazes era considerado uma qualidade do empregador que os selecionava para "ocuparem os vários postos de trabalho, obtendo o máximo de produtividade com o menor risco possível para sua saúde" (Stersa, 1959).

Para prevenir erros no processo seletivo de mão de obra, os exames de sanidade física e mental previstos no curso do Dr. Stersa eram detalhados, abordando com destaque o exame admissional. O quarto capítulo do compêndio (1959), dedicado aos exames médicos periódicos, afirmava em sua introdução que

> [...] a experiência tem demonstrado que os operários que mais se acidentam no trabalho são os de menor eficiência. [...] Essa seleção inicial, além de eliminar os predispostos aos acidentes de trabalho, descobre os elementos sensibilizados às doenças profissionais, desclassificando os que apresentem deficiências muito acentuadas ou incompatibilidade para o posto desejado (Stersa, 1959).

A imputação da culpa ao trabalhador pelo acidente e pela doença ocupacional é exprimida antes mesmo da efetivação do trabalho, já no processo seletivo de mão de obra. Eliminar os "deficientes" ou "propensos" a desastres na fábrica também significava eliminar aqueles que poderiam reivindicar melhores condições de trabalho, comumente precárias.

Nessa pretensa seleção, Dr. Stersa deixava claro que os antecedentes pessoais, familiares e hereditários tinham um significado preponderante frente aos outros exames, como o físico e fisiológico. Sobre tais antecedentes dos trabalhadores, ele apontava que era importante observar se o candidato seria

> [...] alcoólatra, tabagista, portador de eczema, asma, rinite alérgica, moléstia profissional ou sensibilidade especial a certos produtos químicos, moléstias nervosas. [...] Pesquisam-se suas condições de habitação e como desempenhou suas profissões anteriores; indaga-se do número de acidentes de trabalho que tenha sofrido, e em que condições se deram (Stersa, 1959).

Sobre os antecedentes familiares e hereditários, Stersa expôs a necessidade de verificar se nos ascendentes do candidato

> [...] há moléstias hereditárias ou taras que talvez tenham sido transmitidas ao mesmo. Pesquisa-se se não há casos

> de loucura, doenças alérgicas (asma, rinite eczema), epilepsia, hemofilia, diabetes, etc. nos pais, avós e parentes mais próximos (Stersa, 1959).

Por fim, sobre o exame mental, considerado de extrema importância no processo seletivo, Stersa acrescentou que o próprio psiquiatra deveria examinar observando vários aspectos, como

> [...] a maneira de se vestir, de se portar e atitudes assumidas durante o exame; a fisionomia e mímica facial; o exame de linguagem e conduta pessoal. [...] Procura-se observar a emotividade, inibição, vaidade, medo, iniciativa, comportamento no lar, relações com o ambiente social e doméstico, excesso de confiança em si próprio, timidez, etc. (Stersa, 1959).

Ora, a maior parte das possíveis doenças anteriores ou hereditárias elencadas pelo Dr. Stersa, como, por exemplo, as diversas alergias ou sensibilidades, estaria mais ligada ao ambiente de trabalho e às suas condições, como a alta exposição química, ou mesmo aos espaços fechados, sem ventilação, com poeira, umidade, insalubridades várias, do que às aptidões do trabalhador. No entanto, esses fatores eram correlacionados à predisposição do operário a acidentes e doenças.

A análise mental do trabalhador proposta por Stersa, incluindo a observação de diferentes tipos de comportamento dentro e fora da fábrica, como "vaidade, medo, excesso de confiança, etc.", evidencia também a intenção de evitar possíveis conflitos, ou reivindicações, valorizando a "harmonia entre as classes sociais", uma das principais características das políticas oficiais sobre saúde e segurança do trabalho na América Latina nesse período.

A eugenia e a educação eram um binômio muito utilizado em vários países na América Latina, segundo o colombiano doutor em bioética Juan Vianey Tovar Mosquera, que buscou confirmar a "inferioridade mental e a inadaptação do trabalho de negros, mulatos, indígenas e asiáticos, entre outros habitantes estrangeiros da América Latina" (Tovar, 2016). Essa concepção levou à implantação de testes de QI, craniometria e biotipologias, que, em tese, demonstrariam a inferioridade mental das pessoas com tais ascendências, além de associá-la a problemas como crime, prostituição e predisposição a acidentes e doenças laborais.

Embora as análises sobre a eugenia na América Latina tenham suas particularidades e se prestem a diferentes usos, inclusive no mundo do trabalho, como foi exposto, as práticas eugênicas dos anos 1930 e 1940 foram associadas ao nazifascismo e às suas atrocidades, fazendo com que esses pressupostos desmoronassem no âmbito da ciência mundial.

Entretanto, no mundo do trabalho latino-americano, as práticas eugênicas continuaram firmes nas décadas posteriores, conforme já dito, envolvendo principalmente a capacidade de trabalho, segundo Kobayashi, demonstrando o quanto as ideias eugênicas ainda permaneciam a balizar a seleção de operários e aprendizes, os ditos mais aptos para a lide (Kobayashi, 2007). Desse modo, a medicina do trabalho utilizava a eugenia para proteger o trabalho dos próprios trabalhadores, que deveriam ser eficientes e controlados.

Referências

Fontes

ARAOZ Alfaro. "Coordinación y Unificaciónenmateria de Trabajo, Higiene y Asistencia Social". Congreso Nacional de Trabajo y Medicina Social, 1939. *Apud*: Prof. Dr. Gregorio Araoz Alfaro (Argentina). Transcendência Social de la Medicina del Trabajo. *In*: **Primer Congreso Argentino de Medicina del Trabajo.** Vol. 1. Buenos Aires, 1948, p. 63.

ARAOZ, Gregorio Alfaro (Argentina). Transcendência Social de la Medicina del Trabajo. *In*: **Primer Congreso Argentino de Medicina del Trabajo.** Vol. 1. Buenos Aires, 1948, p. 63.

CARLIN, César. Contribuição da Medicina do Trabalho para o desenvolvimento econômico e bem-estar da comunidade. *In:* **V Congresso Americano de Medicina do Trabalho.** São Paulo, 1964, p. 85.

UAMT. Contribuição da Medicina do Trabalho para o desenvolvimento econômico e bem-estar da comunidade. *In*: **V Congresso Americano de Medicina do Trabalho.** São Paulo, 1964.

Bibliografia

CASTRO, Ramon Peña. **Dicionário da educação profissional em saúde.** Verbete: **trabalho abstrato e trabalho concreto,** 2009. Escola Politécnica de Saúde Joaquim Venâncio | EPSJV | Fiocruz. Disponível em: http://www.sites.epsjv.fiocruz.br/dicionario/verbetes/traabstracon.html. Acesso em: 1 ago. 2023.

CESARINO JR, A. F. (org.). **Curso de Medicina Social.** São Paulo: SOMEST (Sociedade Paulista de Medicina Social e do Trabalho), 1955.

DWYER, Tom. **Vida e morte no trabalho**: acidentes de trabalho e a produção social do erro. Campinas: Ed. Unicamp, 2006.

GALEANO, Eduardo. **As veias abertas da América Latina**. 14. reimp. Porto Alegre: L&PM, 2020.

GORNY, P. Laventure de lamédecine. Paris: JC Lattès, 1991. In: ASSUNÇÃO, Ada Ávila. Uma contribuição ao debate sobre as relações saúde e trabalho. **Ciência & Saúde Coletiva,** Rio de Janeiro, v. 8, n. 4, 2003.

HAIDAR, Victoria. "Todo hombreensu justo lugar": la "solución" biotipológica al conflicto entre productividad y salud (Argentina, 1930-1955). **Salud colectiva**, Buenos Aires, v. 7, n. 3, sep./dic. 2011. Disponível em: http://www.scielo.org.ar/scielo.php?script=sci_arttext&pid=S1851-82652011000400003. Acesso em: 5 jan. 2023.

IRIART, Celia; WAITZKIN, Howard; BREILH, Jaime; ESTRADA, Alfredo; MERHY, Emerson Elías. Medicina social latinoamericana: aportes y desafios. **Revista Panam Salud Publica/ Pan Am J Public Health**, Washington, v. 12, n. 2, 2002.

KOBAYASHI, Elizabete Mayumy. **Eugenia e fundação Rockefeller no Brasil:** a saúde como instrumento de regeneração nacional. 2007. Dissertação (Mestrado em Política Científica e Tecnológica) – Instituto de Geociências, Unicamp, Campinas, 2007.

MARX, Karl. **A ideologia alemã**. 9 ed. São Paulo: Hucitec, 1993.

MENDES, R.; DIAS, E. C. Da medicina do trabalho à saúde do trabalhador. **Revista Saúde Pública**, São Paulo, v. 25, p. 341-349, 1991.

MONTEIRO, Juliana S. **Engendrando políticas sobre saúde do trabalhador na conjuntura latino-americana do pós-guerra – 1948 a 1964**. 2021. Tese (Doutorado em História) – Pontifícia Universidade Católica de São Paulo, São Paulo, 2021.

ORGANIZAÇÃO INTERNACIONAL DO TRABALHO. Recomendación sobre losservicios de Medicina del Trabajo en los lugares de empleo (Recomendación no

112 de la OIT adoptada en 24 de junio de 1959). *In*: OIT. Convenios y recomendaciones (1919-1966). Genebra, 1966, p. 1054-1058. *Apud*: MENDES, R.; DIAS, E. C. Da medicina do trabalho à saúde do trabalhador. **Revista Saúde Pública**. São Paulo, v. 25, p. 341-349, 1991.

PADRÓS, Enrique S. América Latina: Ditaduras, Segurança Nacional e Terror de Estado. **História e Luta de Classes**, Rio de Janeiro, v. 4, n. 4. p. 43-49, jul. 2007.

RODRIGUES, Arlete Moysés. **Moradia nas cidades brasileiras**. 4. ed. São Paulo: Contexto, 1991.

SANTOS, Milton. **A Urbanização Brasileira.** São Paulo: Editora da Universidade de São Paulo, 2009.

SOARES, Kelma; FERREIRA, Jaqueline Mário César. A relação entre trabalho e alcoolismo: contribuições sobre o estado da arte. **Trabalho (En) Cena**, Tocantins, v. 2, n. 2, 2017, p. 50-69.

STERSA, Olívio. **Higiene industrial e psicologia do trabalho.** São Paulo: Melhoramentos, 1959.

STEPAN, Nancy Leys. A hora da eugenia: raça, gênero e nação na América Latina. Rio de Janeiro: Fiocruz, 2005. Resenha em: SOUZA, Vanderlei Sebastião de. Resenhas. **Cadernos de Pesquisa,** São Paulo, v. 37, n. 131, maio/ago. 2007. Disponível em: https://www.scielo.br/scielo.php?script=sci_arttext&pid=S0100-15742007000200015. Acesso em: 3 ago. 2020.

TOVAR, J. V. Colombia en el contexto eugenésico latinoamericano 1900-1950. **Acta Odontológica Colombiana,** Bogotá, n. 6, v. 1, 2016, p. 137-162. Disponível em: https://revistas.unal.edu.co/index.php/actaodontocol/article/view/58856/56422. Acesso em: 22 ago. 2020.

VIEIRA, Vera Lucia. **O trabalhador brasileiro**: um caso de polícia até 1950 (representações sobre os trabalhadores urbanos no período de 30 a 50). 1998. Tese (Doutorado em História) – Pontifícia Universidade Católica de São Paulo, São Paulo, 1998.

SOBRE OS AUTORES

Alberto Luiz Schneider
Realizou pesquisa de pós-doutorado nos Departamentos de História da UFF (2022-2023) e USP (2011-2012) e no King's College London (2008). É doutor em História pela Unicamp, com mestrado em História pela PUC-SP. É graduado pela UFPR. É atualmente professor do Departamento de História da PUC-SP, onde é membro e vice-coordenador do Programa de Pós-Graduação em História. É autor de *Capítulos de história intelectual: racismo, identidades e alteridades na reflexão sobre o Brasil* (2019).
Orcid: 0000-0002-7308-2524

Antonio Rago Filho
Doutor (1998) e mestre (1989) em História pela Pontifícia Universidade Católica de São Paulo, com a tese "A ideologia 1964: os gestores do capital atrófico" e a dissertação "A crítica romântica à miséria brasileira: o integralismo de Gustavo Barroso". Graduado (1976) em Ciências Políticas e Sociais pela Fundação Escola de Sociologia e Política de São Paulo. Atua nas áreas de Teoria da História, História da Música e História do Brasil pós-1964, particularmente sobre os temas: ontologia histórico-imanente de Marx e Lukács, ditadura militar, autocracia burguesa bonapartista no Brasil, estética e revolução social na Espanha. É professor de História e coordena o Núcleo de Estudos de História: trabalho, ideologia e poder (Nehtipo) na PUC-SP.
Orcid: 0000-0002-2643-2798

Amilcar Torrão Filho
Doutor em História pela Unicamp, professor do PEPG em História da Pontifícia Universidade Católica de São Paulo com diversos estágios pós-doutorais na Universidade Politecnica de Cataluña e Universidade de Barcelona. É coordenador do Núcleo de Estudos da Alteridade (NEA).
Orcid: 0000-0003-0913-6118

Beatriz Lissker

Mestranda em História pelo Programa de Pós-Graduação da Pontifícia Universidade Católica de São Paulo (PUC-SP), com ênfase em História da Ciência e Intelectualidade. Graduada em História pela mesma instituição, obtendo dupla formação em bacharelado e licenciatura. Atualmente, leciona a disciplina de Social Studies no ensino fundamental II na Escola Alef Peretz e atua como editora especialista na área de Estudos Sociais do currículo Middle Years Program na Red House International School. Suas áreas de pesquisa abrangem sobretudo a historiografia intelectual e a historiografia da ciência no Brasil do século XIX.
Orcid: 0009-0005-1367-2580

Bianca Melzi Lucchesi

Doutora em História Social pela Pontifícia Universidade Católica de São Paulo (com a tese "Nos fundos da sociabilidade: usos e funções dos quintais populares paulistanos no final do século XIX e início do XX – 2021"). Mestra em História Social pela Pontifícia Universidade Católica de São Paulo (com a dissertação "Os cortiços e o urbanismo sanitário da cidade de São Paulo no final do século XIX – 2014"). Graduada em História (bacharelado e licenciatura) pela Pontifícia Universidade Católica de São Paulo (2010). Integrante do GT História Ambiental da Anpuh. Professora de História na Prefeitura do Município de São Paulo desde 2013.
Orcid: 0000-0001-7528-4333

Carla Luciana da Silva

Professora associada da Universidade Estadual do Oeste do Paraná, campus de Marechal Candido Rondon. Linha de Pesquisa Estado e Poder do Programa de Pós-Graduação em História da Unioeste. Coordenou a pesquisa "A responsabilidade de empresas por violações de direitos durante a ditadura: o caso da Itaipu Binacional" (Edital Caaf/Unifesp).
Orcid: 0000-0001-6838-0394

Juliana Santos Monteiro

Professora doutora formada pela PUC-SP, sob orientação da Prof.ª Dr.ª Vera Lúcia Vieira, 2021; pesquisadora do Centro de Estudos de História da América Latina e Caribe (Cehal – PUC-SP). Professora da Educação Básica.

Autora do livro *Proteção ao Trabalho x Proteção ao Trabalhador: a Lógica da Saúde e Segurança do Trabalho no Período Ditatorial Brasileiro* (2018).

Orcid: 0000-0002-5295-7555

Jussaramar da Silva

Autora da tese intitulada "As conexões repressivas no Cone Sul (1960-1990): Terrorismo de estado em conexão internacional" (PUC-SP), sob orientação da Prof.ª Dr.ª *Vera Lucia Vieira. Integrou a pesquisa* "A responsabilidade de empresas por violações de direitos durante a ditadura: o caso da Itaipu Binacional" (Edital Caaf/Unifesp), coordenada pela Prof.ª Dr.ª Carla Luciana da Silva.

Orcid: 0000-0002-5575-3208

Luiz Antonio Dias

Pós-doutor pela Universidad Nacional de Córdoba – Derecho, Economía, História (2015). Doutor em História pela Universidade Estadual Paulista Júlio de Mesquita Filho (Unesp, 2000). Mestre em História pela Universidade Estadual Paulista Júlio de Mesquita Filho (Unesp, 1993). Atua como professor na Faculdade de Ciências Sociais da PUC-SP. Professor do Programa de Pós-Graduação (*stricto sensu*) em História da PUC-SP. Pesquisa sobre ditaduras, democracias, movimentos sociais, cidades e saúde. Tem experiência na área de História, com ênfase em História do Brasil, atuando principalmente nos seguintes temas: movimentos sociais, história do Brasil, mentalidades, política e imprensa.

Orcid: 0000-0001-8834-442X

Michele Silva Joaquim

Doutoranda em História pela Unicamp; mestra em História Social pela PUC-SP; especialista em Gestão de Arquivos pela FESPSP; especialista em História, Sociedade e Cultura pela PUC-SP; bacharela e licenciada em História pela Unifieo e *técnica em Museus pela* Etec Parque da Juventude. *É* membro do Grupo de Pesquisa Clubes Sociais Negros do Brasil – Uruguai. Suas pesquisas estão relacionadas a preservação documental, trabalhadores negros em São Paulo no pós-abolição e associativismo negro em Jundiaí. Venceu o edital do Dossiê Especial "História Econômica e

relações étnico-raciais" promovido pelo Instituto Lima Barreto e a Rede Historiadorxs Negrxs.
Orcid: 0009-0009-7399-9349

Rodolfo Costa Machado
Doutor (2022) e mestre (2015) em História (também bacharel em Direito) pela Pontifícia Universidade Católica de São Paulo (PUC-SP), com a tese "Por dentro da Liga Mundial Anticomunista: gênese e gestão da WACL" e a dissertação "Alfredo Buzaid e a contrarrevolução burguesa de 1964". Licenciado em História pela Universidade de São Paulo. Pesquisador-visitante na Columbia University de Nova Iorque (Fulbright-Brasil). Integrou a Comissão Nacional da Verdade e o Projeto Responsabilidade de Empresas por Violações de Direitos durante a Ditadura, da Unifesp. Na PUC-SP, é professor da Educação Continuada e membro do Nethipo.
Orcid: 0009-0004-8639-3550

Tiago Santos Salgado
Prof. Dr. pós-graduando na Unioeste (pós-doutorado). Autor dos livros: *Democracy Delivers: A intervenção dos EUA na Venezuela Chavista* (2021) e *Rumo à Barbárie neoliberal* (2023). Tese de doutorado intitulada: "Em nome da democracia: a intervenção branca dos EUA na Venezuela chavista (1998-2013)", PUC-SP, 2019.
Orcid: 0000-0001-9815-2384

Vera Lucia Vieira
Prof.ª Dr.ª do Programa de Pós-Graduação em História da PUC-SP. Coordenadora do Centro de Estudos de História da América Latina (Cehal-PUC-SP) e do Observatório da Violência Policial (ovp-dh.org). Coautora do livro *Terrorismo estatal. Negacionismo y verdade* (2023). Coordenadora da pesquisa intitulada: "Docas/Codesp: a responsabilidade de empresas por violações de direitos durante a ditadura" (2024, no prelo).
Orcid: 0000-0003-2117-4846